股市擒牛15式

李星飞／著

中国宇航出版社
·北京·

图书在版编目（CIP）数据

股市擒牛15式 /李星飞著. -- 北京 : 中国宇航出版社, 2020.1
ISBN 978-7-5159-1704-7

Ⅰ. ①股… Ⅱ. ①李… Ⅲ. ①股票投资—基本知识 Ⅳ. ①F830.91

中国版本图书馆CIP数据核字(2019)第224796号

责任编辑 卢　珊
责任校对 吴媛媛　　**装帧设计** 宇星文化

出版发行	**中国宇航出版社**		
社址	北京市阜成路8号	**邮编**	100830
	(010)60286808		(010)68768548
网址	www.caphbook.com		
经销	新华书店		
发行部	(010)60286888		(010)68371900
	(010)60286887		(010)60286804(传真)
零售店	读者服务部		
	(010)68371105		
承印	三河市君旺印务有限公司		
版次	2020年1月第1版		2020年1月第1次印刷
规格	710×1000	**开本**	1/16
印张	12.5	**字数**	166千字
书号	ISBN 978-7-5159-1704-7		
定价	38.00元		

本书如有印装质量问题，可与发行部联系调换

前言

股票市场成立近30年以来，除了成立之初造就了许多先知先觉的成功投资者，如今，大多数投资者均难以在市场上获利，这其中的原因耐人寻味。

事实上，从股票投资的根本来讲，无论是早期的投资者还是现在的投资者，投资成功与否的原因都是相同的，只不过时代背景发生了变化。然而，股市传奇从来就未停止过上演。

从市场的角度解读，投资股市成功的关键，无外乎寻找到恰当的买入时机和卖出时机。虽然买入与卖出的操作非常简单，但其背后折射出的操作哲理却不简单。因为无论买或卖，都要学会选择时机。

时机是什么？简单地讲，买入时机不是股价在绝对低位，卖出时机也不是股价在绝对高位。这是因为，当股价在低位运行时，低了还可以再低；当股价在高位运行时，高了还可以再高。买入或卖出股票的时机，关键在于：股价是否在低位出现了反转向上的趋势，在高位时是否出现了反转向下的趋势。趋势确实发生反转，才会真正形成买入或卖出的时机。也正基于此，才有了心态、反转、量价、仓位、左右侧交易、资金、筹码、主力、缺口、阻力、背离、波浪、纠错为主的擒牛15式。

首先说说买入时机。买入一只股票时，必然是看到了其后的上涨潜力，才会选择买入，否则所有的买入操作都是错误的。首先要把握好投资心态，才能抓住趋势由弱转强的最佳买入时机。很多时候，买入一只股票是需要等待的。其次就是通过资金、筹码、主力、缺口、阻力、背离、波浪等技术分析，判断股票趋势是否已经或即将转入向上运行，再利用左侧交易或右侧交易的口诀来实施具体的买入操作。

买入一只股票后，同样要注意心态，因为买入股票后也是需要持股待涨的，尤其是利用左侧交易策略时，等待的时间会相对更久一些。但此时所有的等待，都是为了之后实现获利。

再说说卖出时机。卖出一只股票时，必须是看到了股票价格失去继续上涨的动力，也就是说，股价趋势出现了向下的反转。这里仍然需要注意心态，不能只看到股价出现了向下波动，就冲动地执行卖出操作，这样的操作同样是错误的。只有通过资金、筹码、主力、缺口、阻力、背离、波浪等技术分析，发现股价出现向下趋势时，才是趋势真正转弱和卖出股票的时机。

无论是买入还是卖出操作，由于选择的交易方式不同，所以把握操作的具体时机也不同。同时，买入与卖出时的左右侧交易方式，也会影响到具体的操作时机。因为在左侧交易中买入一只股票时，股价趋势还在下跌；在左侧交易中卖出一只股票时，股价趋势依然在上涨。在右侧交易中买入一只股票时，股价趋势虽已转为上涨，但依然会出现反复涨跌的震荡；在右侧交易中卖出一只股票时，股价趋势已转为下跌，但股价在高位反复震荡时仍然存在一个最佳时机的问题。

炒股心态诀最大的奥秘不是简单的投资心态，而是在持股或空仓过程中，根据资金、筹码、主力、缺口、阻力、背离、波浪等技术判断，有效地控制好仓位。只有控制好了持股仓位，才能尽最大可能降低投资风险，实现投资利润最大化。

从某种角度来讲，股票投资是一门手艺，无论是买入或卖出操作，全凭操作者技术的熟练程度，并且还要拿捏好买入或卖出股票的时机和火候。

同时，股票操作者还要有敢于承认操作错误的勇气，在买入错误后不犹豫，及时清仓换股；在卖出错误后不胆怯，敢于再买回来。

纠错依靠的不仅仅是技术，还包括心态。

股票价格一涨一跌，归根结底是趋势反转时的微妙变化，反转、量价、仓位、左右侧交易、资金、筹码、主力、缺口、阻力、背离、波浪、纠错等技术分析，都应在心态诀的指导下去执行。所以说，操作者的买入或卖出行为，很多时候都是在一念之间，但这一念之间的结果却大相径庭——一念成佛，或是一念成魔。

股票投资者一定要认真学习并掌握心态、反转、量价、仓位、左右侧交易、资金、筹码、主力、缺口、阻力、背离、波浪、纠错这些口诀，这样才能真正学会抓住牛股，并通过对牛股的操作，最终实现投资获利。

目 录

CONTENTS

第 1 式　心态诀：心态好坏决定股市输赢　1

1.1　重仓交易，小波动大亏损　2

1.2　有理有据地止盈止损　3

1.3　不听消息操作股票　5

第 2 式　见底诀：股价见底形态和交易策略　7

2.1　尖底和圆底形态　8

2.2　地量对应低价底　11

2.3　100 日等量线接触最低量能　14

2.4　MACD 完成反转走势　17

第 3 式　见顶诀：股价见顶形态和交易策略　21

3.1　尖顶和圆顶形态　22

3.2　天量顶提示高位顶　25

3.3　缩量跌破筹码峰预示反转　28

3.4　指标背离可高抛　31

第 4 式　控仓诀：精准控制仓位，提升投资效率　35

4.1　价格波动、仓位变化对盈利的影响　36

4.2　短期异动藏买卖机会　39

4.3　看长期趋势可获高收益　43

4.4　限制亏损就是变相盈利　46

第 5 式　右侧诀：信号出现开始交易　51

5.1　阳线形态突破解读　52

5.2　阴线形态跌破解读　55

5.3　追涨杀跌是典型的右侧交易　58

5.4　行情加速段扩大交易规模　62

第 6 式　左侧诀：预判行情开始交易　67

6.1　预判行情发展方向　68

6.2　潜在回升的支撑位增持策略　71

6.3　潜在压力位的减仓策略　74

6.4　左侧交易的金字塔资金管理模式　78

第 7 式　量价诀：量价判断价格强弱　83

7.1　放量推动上涨形态　84

7.2　缩量洗盘形态　87

7.3　放量打压形态　90

7.4　跌停开盘形态　93

7.5　天量成交形态　96

第 8 式　资金诀：资金流入关注价格异动　101

8.1　脉冲超大单资金流入　102

8.2　连续资金净流入　105

8.3　超大单控盘的资金流入　108

第 9 式　筹码诀：筹码转移确认趋势延续　113

9.1　筹码主峰向上转移趋势　114

9.2　筹码主峰向下转移趋势　117

9.3　筹码峰之间的筹码转移趋势　120

第 10 式　主力诀：主力操盘应对策略 125
10.1　放量建仓买入形态 126
10.2　洗盘打压增持形态 129
10.3　突破筹码峰拉升加仓形态 132
10.4　出货减仓形态 136
第 11 式　缺口诀：跳空缺口判断走势强弱 141
11.1　回升趋势缺口形态 142
11.2　下跌趋势缺口形态 146
第 12 式　背离诀：背离提示终极交易机会 151
12.1　MACD 指标柱线背离形态 152
12.2　MACD 指标 DIF 线背离形态 155
第 13 式　阻力诀：精准确认阻力位 159
13.1　0.382 的阻力位判断 160
13.2　0.5 的阻力位判断 163
13.3　0.618 的阻力位判断 166
第 14 式　波浪诀：以波浪形态把握价格趋势 171
14.1　简单的波浪形态 172
14.2　完整的 8 浪循环形态 175
第 15 式　纠错诀：交易失误及时纠错 179
15.1　诱多诱空期间难免操作出错 180
15.2　快刀斩乱麻可降低亏损 182
15.3　长期盈利关键看风险控制 185

第1式
心态诀：心态好坏决定股市输赢

在股票交易中，投资者的心态对交易盈亏的影响很大。很多情况下，盈利只是正确的心态再加上适当的技术。不管是短线交易还是长线交易，以恰当的心态应对价格涨跌，都是获利的基本保证。

所谓正确的交易心态，就是投资者需要避免重仓交易、无根据地止盈和止损、听消息买卖股票等行为。避免重仓交易，是为了有足够的资金应对价格涨跌；有根据地止盈和止损，就不会在错误的价位上作出错误的决策；依据基本面分析和技术分析买卖股票，就不会因为各种消息而影响投资决策。

1.1 重仓交易，小波动大亏损

重仓交易通常会造成较大的资金波动，特别是在价格没有出现单边上涨的情况下。重仓交易的结果是投资者没有足够的资金应对价格波动，即便是小幅度的回调走势，也会导致资金大面积亏损。将成本控制在有限的范围内，针对不同的价格表现运用不同的资金量，即便价格双向震荡，投资者也不会出现太大的损失。

形态特征解读：

（1）股价见顶，价格下跌：牛市中股价见顶以后，价格转为下跌趋势，在此期间，跌幅迅速扩大。

（2）单边下跌，跌幅扩大：下跌趋势得到确认以后，在股价单边下跌期间，跌幅快速扩大。同时，低价区的买点也得到确认。

（3）低价区频繁出现回调：在低价区持股期间，投资者的资金容易受到价格回调的影响。相比下跌趋势，回升趋势中的股价回调幅度不大，但是重仓交易依然可能出现明显的亏损。

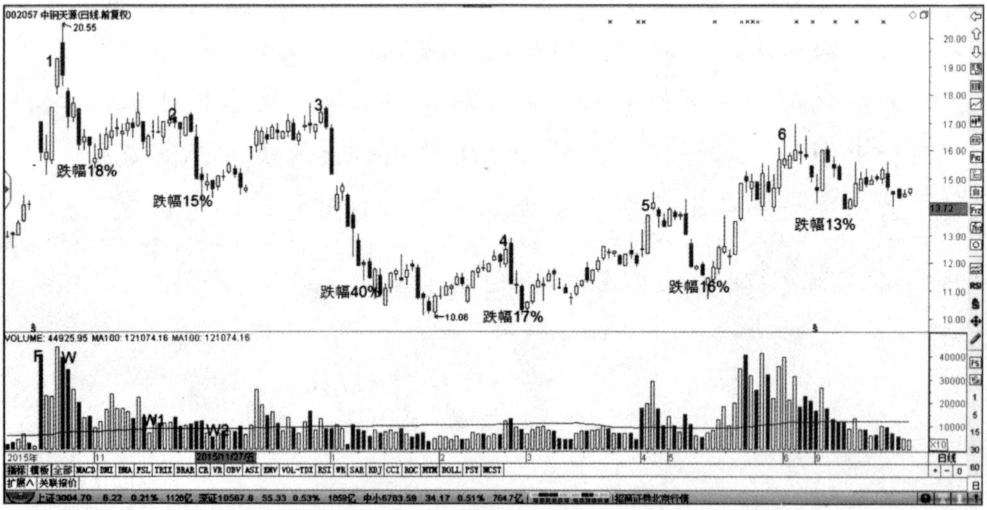

图 1-1 中钢天源日 K 线图

操作要领：

（1）从股价见顶、价格下跌来看：如图 1–1 所示，价格在 1 位置见顶以后，短线跌幅达 –18%，跌幅较大，如果重仓持股，亏损将接近 –18%。

（2）从单边下跌、跌幅扩大来看：进入下跌趋势以后，在图中 2 位置见顶，之后一波下跌，股价跌幅达 –15%。从 3 位置进入单边下跌以来，跌幅高达 –40%。

（3）从低价区频繁出现回调来看：低价区股价虽然触底回升，但是在价格上涨期间，首次从 4 位置回调，股价跌幅为 –17%。接下来，价格从 5 位置回落，跌幅为 –16%。再从高位 6 位置下跌，跌幅为 –13%。

总结：下跌期间，股价每次回调时力度更大，对重仓持股投资者的资金影响很大。低价区股价虽然也会出现调整，但是调整幅度收窄，相较于股价出现的涨幅，价格回调多数情况下是可以忍受的。

1.2　有理有据地止盈止损

止盈和止损价位的选择，并非无迹可寻，而是有很多方法供投资者选择。实战当中，止盈操作是将收益兑现的交易行为，止损操作则可以降低持股出现的损失。两种交易形式，对投资者的获利帮助都很大。直观上来看，止盈是投资者在交易期间做加法，是扩大收益的过程。止损操作则是做减法，减少投资损失，某种程度上也是在增加收益。

形态特征解读：

（1）指数回落确认止盈交易信号：止盈操作在牛市见顶期间是比较有效的交易策略。典型的情况是，指数见顶以后，个股的顶部形态也随之形成，此时成为止盈交易的契机。

（2）背离提示价格反转：下跌趋势中的止损交易不容忽视。低价区指标与股价背离，是止损交易信号。股价触底回升，不需要止损，只要在低价区抄底买入股票，便能够获得收益。

（3）压力位提示止盈价位：股价反弹到短线高位，是止盈的交易机会。在压力位，股价突破的概率降低，此时可以卖掉股票或降低仓位以锁定收益。

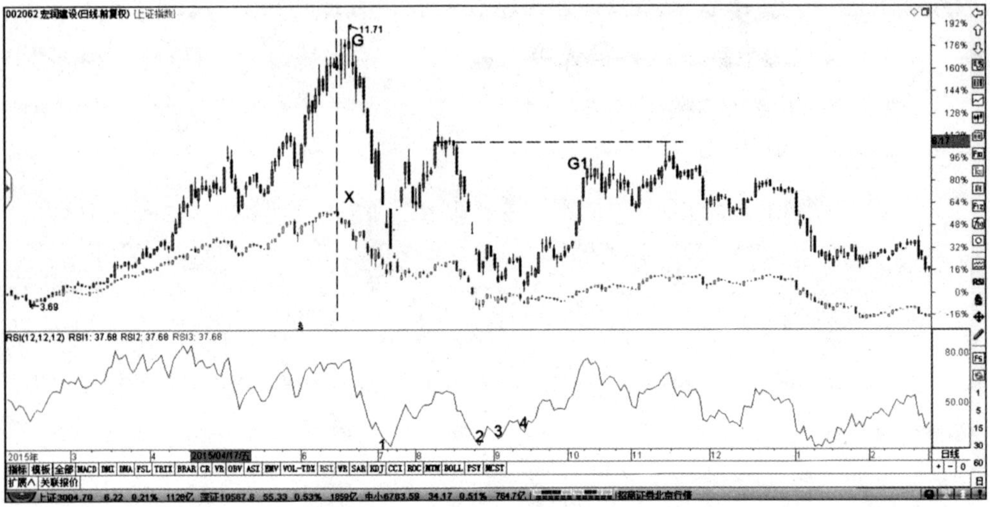

图 1-2　宏润建设日 K 线图

操作要领：

（1）从指数回落确认止盈交易信号来看：如图 1-2 所示，指数在 X 位置见顶期间，股价在 G 位置的见顶时间要晚于指数。利用指数在 X 位置见顶，可以判断高抛的交易机会。

（2）从背离提示价格反转来看：当 RSI 指标从 1 回升到 2、3、4 位置的时候，股价不断出现收盘价新低。价格下跌到一定低位，投资者此时不必做止损操作，保持持股，就能够应对股价反弹走势。

（3）从压力位提示止盈价位来看：当股价反弹达到 G1 位置时，价格接近前期高位，这是压力位提示的卖点机会。止盈机会在 G1 位置出现，G1 是不错的高抛卖点。

总结：个股与指数的联动性很强，受制于指数走势，投资者可以在指数反转时考虑止盈或止损。指标背离、阻力位反转也是考虑止盈或止损的不错价位，选择这样的价位买卖股票，投资者可以获得较好的投资效果。

1.3　不听消息操作股票

听消息交易股票，在利好消息确认前，价格走势是会不断变化的。即便利好消息公布，价格走势也会受到指数涨跌的影响。甚至是那些强势股票，价格表现也很难脱离指数，出现单边上涨的大行情。因此，投资者需要正确认识利好消息的影响。如果利好消息并不能产生确定性的投资收益，那么围绕利好消息来买卖股票就行不通了。

形态特征解读：

（1）停牌前股价出现杀跌走势：停牌前，投资者可以看到股价出现了杀跌的价格走势。即便有利好消息，也不能阻碍价格回调的走势。

（2）复牌后股价补涨：停牌时间较长，复牌以后股价宽幅震荡。虽然期间股价出现过加速上涨的情况，但是双向震荡的空间也是比较大的。

（3）股价涨幅弱于指数表现：从实际表现来看，在指数已经走弱的情况下，股价虽然处于反弹阶段，但是涨幅并未超过指数。

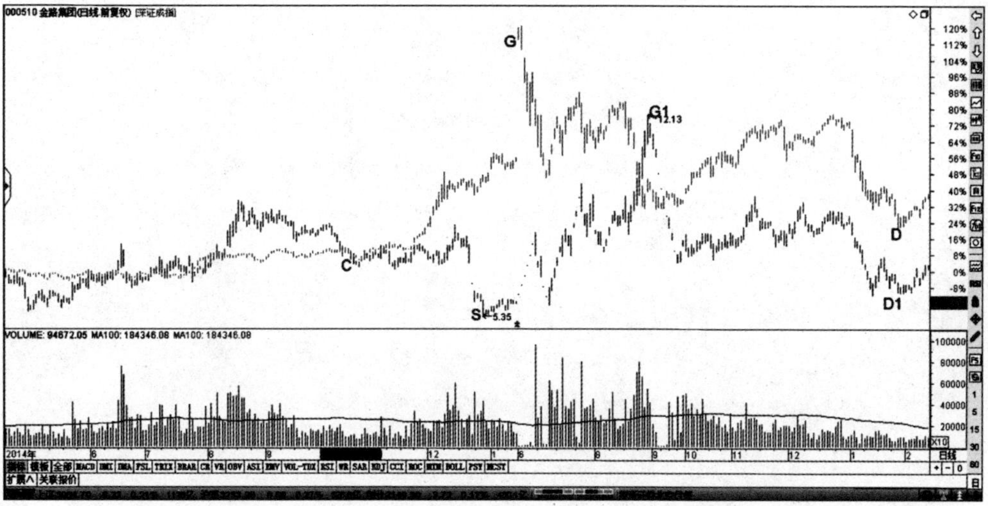

图 1-3　金路集团日 K 线图

操作要领：

（1）从停牌前股价出现下跌走势来看：如图 1–3 所示，股价与指数叠加图中，C 位置股价与指数出现了叠加状态。随着指数加速回升，股价却下跌到图中的 S 位置。

（2）从复牌后股价补涨来看：复牌后股价宽幅震荡，该股曾经一度出现了加速涨停的走势，价格飙升到了 G1 位置的价格高位。

（3）从股价涨幅弱于指数表现来看：G1 位置明显要低于 G 位置，表明该股虽然出现利好补涨，但是补涨期间涨幅不敌指数表现。后期股价弱势下跌以后，D1 位置的股价明显要低于 D 位置，这是股价走弱的信号。

总结：实战中，利用消息操作，最后获得盈利的投资者并不多见。即便利好消息公布，公布时间和利好程度也是难以分析的。利用消息来操作股票获得收益，不确定性较大。真正能够长期获利的投资者，通常都会回避小道消息，按照技术分析的方法来获取投资收益，提升盈利空间。

第 2 式

见底诀：股价见底形态和交易策略

股价运行过程中，在价格底部建仓的吸引力最大，此时的价位是大多数投资者争先恐后追逐的建仓价位。准确判断价格底部形态，有助于在牛市中获得更高收益。假设投资者对于顶部的判断是精确的，那么，能够在更低价位买入股票的投资者，在牛市阶段的获利空间将会更大。

本节讲解了股价最显著的尖底和圆底形态、量能相关的地量底部、低于 100 日等量线的缩量底和 MACD 指标确认的底部形态。这些典型的底部形态出现概率较高，用途广泛，可以为投资者提供有效的底部建仓信号。

2.1 尖底和圆底形态

从价格形态来看，尖底和圆底形态是最为常见的底部反转形态。尖底形态中，价格折返的效率很高，反弹期间更容易出现尖底形态。圆底形态中，价格回升的速度较慢，该形态是比较缓和的价格反转形态，并且很容易成为典型的低价区反转形态。

2.1.1 尖底形态特征解读

股价经历杀跌走势以后，价格下跌幅度较大，可能很快出现低价区的反转走势。在低价区价格反转中，股价以大阳线反弹的形式开始回升。从形态上看，类似于 V 形的尖底反转走势。尖底反转期间，股价回升的可能性很高，是短线获得收益的重要形态。

形态特征解读：

（1）股价经历单边回落：股价经历单边下跌走势以后，能够看到价格下跌超过了 –30%，低价区出现反弹的概率大幅提升。

（2）低价区出现反弹阳线：在低价区股价单边下跌期间，连续出现了多根阴线。这个时候，反弹阳线很容易成为股价上涨的起始形态。

（3）加速反弹，确认尖底形态：首次出现反弹阳线以后，在接下来的 3 个交易日中，股价继续放量反弹，红三兵的 K 线形态推动股价完成尖底形态。

操作要领：

（1）从股价经历单边回落来看：如图 2–1 所示，股价从 19 元以上的价位加速杀跌，价格下跌到 J 位置的 9 元附近，跌幅高达 –52%。

（2）从低价区出现反弹阳线来看：低价区 J 位置出现明显的反弹阳线，图中股价从 9 元的低价区反弹期间，F 位置显示量能出现放大。

（3）从加速反弹确认尖底形态来看：在接下来的 3 个交易日中，股价加速上涨，推动形成尖底反转形态。在与 J 位置相近的 J1 位置的价格低点中，

F1 位置的量能持续放大，股价第二次出现尖底反转形态，价格飙升到 G1 位置的高价区。

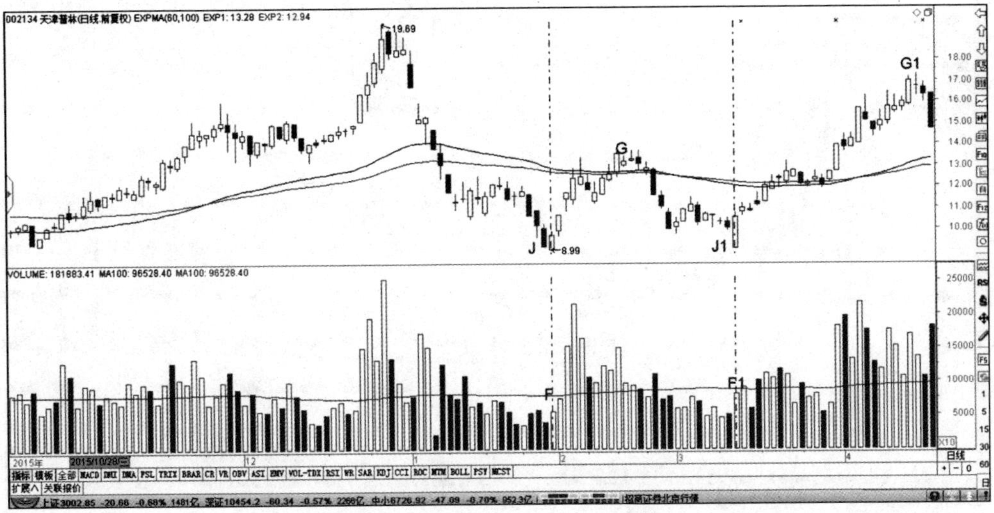

图 2-1　天津普林日 K 线图

总结：股价下跌高达 -50%，下跌幅度较大的时候，很容易出现技术性反弹。超跌反弹期间，尖底是重要的反转形态。

2.1.2　圆底形态特征解读

股价短期显著回调以后，跌幅快速扩大，低价区的反转走势可以在价格下跌趋缓以后形成。在低价区的价格反转走势中，股价以小阳线反弹的形式开始回升。从形态上看，类似于 U 形态的圆底反转走势。圆底反转期间，股价短时间内涨幅有限，但是累积起来上涨空间比较大。圆底形态是获取短线收益的重要形态。

形态特征解读：

（1）股价经历显著回调：股价从高位显著回调，价格跌幅加大，成交量并未出现明显萎缩，这个时候股价企稳的概率上升。

（2）低价区价格企稳：股价从加速回落到下跌趋缓以后，低价区股价出现企稳迹象。量能靠近 100 日等量线，导致股价更加容易见底。

（3）出现加速回升的圆底：成交量放大趋势较慢，但是股价企稳特征显著,圆弧底的反转形态在价格缓慢企稳以后出现,股价上涨空间也在不断扩大。

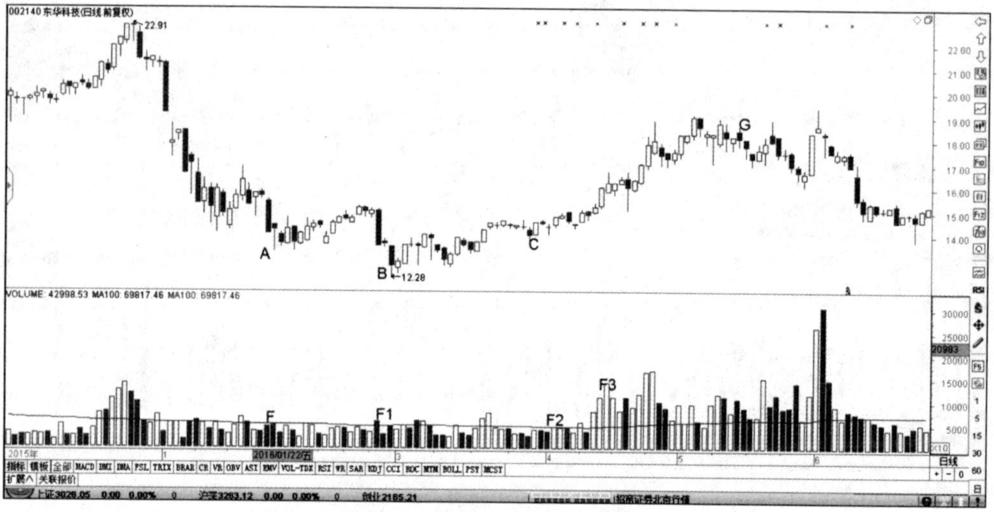

图 2-2　东华科技日 K 线图

操作要领：

（1）从股价经历显著回调来看：如图 2-2 所示，该股从 22 元以上的高位快速下跌，股价进入下跌趋势期间，2 个月内跌幅达 –45%，到图中 B 位置的 12 元上方。

（2）从低价区价格企稳来看：当股价下跌到 A 位置的时候，F 位置的量能虽然萎缩，但是非常靠近 100 日等量线。接下来股价收盘价到达 B 位置，F1 位置的量能相比 F 位置放大，这是股价下跌触底的信号。量能放大提示有场外资金介入，股价继续回落的空间有限。

（3）从出现加速回升的圆底来看：股价在 B 位置触底以后，价格缓慢爬升，F2 位置量能放大，推动股价进入圆底反转状态。F3 位置的量能更高，放大的量能推动股价到达 G 位置的价格高位，涨幅达 48%。

总结：股价下跌趋势虽然显著，但是量能靠近 100 日等量线，表明多空之间争夺始终持续。股价跌幅扩大以后，缓慢放量，推动圆底形态形成，低价区的圆底形态提供了理想的建仓机会。

2.2　地量对应低价底

股价下跌期间，成交量通常会出现萎缩。量能萎缩到地量状态以后，股价触底概率大增。在地量底部出现的那一刻买入股票，投资者获得收益的概率很高。实战中，也能够看到股价在地量底部出现时开始反弹，最佳建仓机会也在这个时候形成。

2.2.1　缩量底部出现反弹

在股价进入回升趋势以后，量能萎缩期间，股价的短线低价已经形成，买点在量能萎缩期间出现。价格回升期间的缩量底部成为追涨的交易机会，错过了缩量底部以后，就不会有更低的买点出现。量能萎缩并且低于100日等量线，通常是缩量底部出现的关键时间点。

形态特征解读：

（1）股价放量触底：当股价放量触底以后，可以看到股价明显脱离低价区。价格以更加强势的放量运行特征进入回升趋势。

（2）成交量高位震荡：股价波动有强弱不同的情况，成交量也会有高位震荡的形态特征。当看到量能出现了比较大的变化时，缩量低价买点将会出现，而放量期间价格走强的追涨机会也将形成。

（3）缩量低价提供增持机会：量能出现缩量期间，由于整体放量趋势未变，缩量提示股价短线回调，买点同步出现。

操作要领：

（1）从股价放量触底来看：如图2-3所示，在W位置量能萎缩前，成交量已经显著放大至100日等量线上方，价格活跃度显著提升，该股表现已经足够强势。

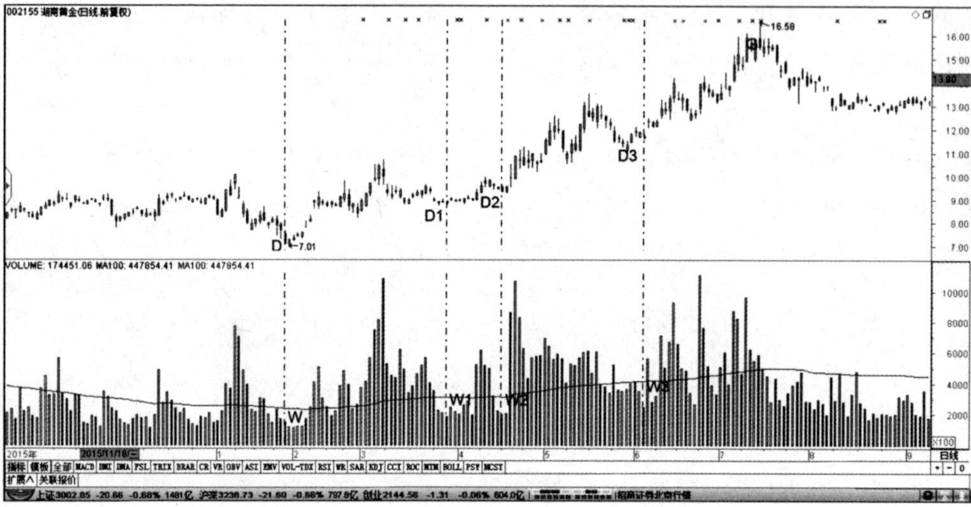

图 2-3　湖南黄金日 K 线图

（2）从成交量高位震荡来看：W 位置量能萎缩期间，成交量低于 100 日等量线，这是股价回调力度加大的信号。量能在 W 位置缩量时间较短，成交量放大到 100 日等量线以上，放量期间的买入机会得到确认。

（3）从缩量低价提供增持机会来看：价格反弹过程中，W1、W2 和 W3 位置的量能依然萎缩，对应的股价回调买点在 D1、D2、D3 出现。

总结：由于成交量在价格回升期间波动较大，当量能萎缩到 100 日等量线下方时，股价已经明显回调。当量能显著放大到 100 日等量线以上时，量能达等量线的 2 ~ 3 倍，股价强势，此时成为短线扩大收益的机会。

2.2.2　地量底部股价触底

进入熊市以后，股价缩量触底的概率增加，但是真正的价格底部出现在地量期间。地量出现以后，股价形成了真实的底部形态，价格反转走势随后得到确认。地量底部提供的低价买点值得肯定，如果接下来量能继续放大，可以看到股价表现相比地量期间要强势很多，收盘价格达到的高度也更高，因此，地量出现时便是低价买点信号。

形态特征解读：

（1）股价经历长期缩量调整：熊市中股价调整时间较长，调整期间成交量萎缩趋势不会很快结束。在成交量萎缩过程中，股价波动空间不断收窄，典型的买点信号也将在量能萎缩的过程中出现。

（2）地量底部形态得到确认：在成交量萎缩并且低于 100 日等量线以后，成交量的萎缩趋势将继续延续。当量能达到地量状态以后，成交量萎缩空间消失，此时量能放大，推动价格脱离低价区，买点在地量出现之时得到确认。

（3）放量后股价走强：地量量能是最低量能，如果继续出现放量信号，股价便可以轻松摆脱缩量运行的态势。随着量能的不断放大，股价涨幅也会不断扩大。

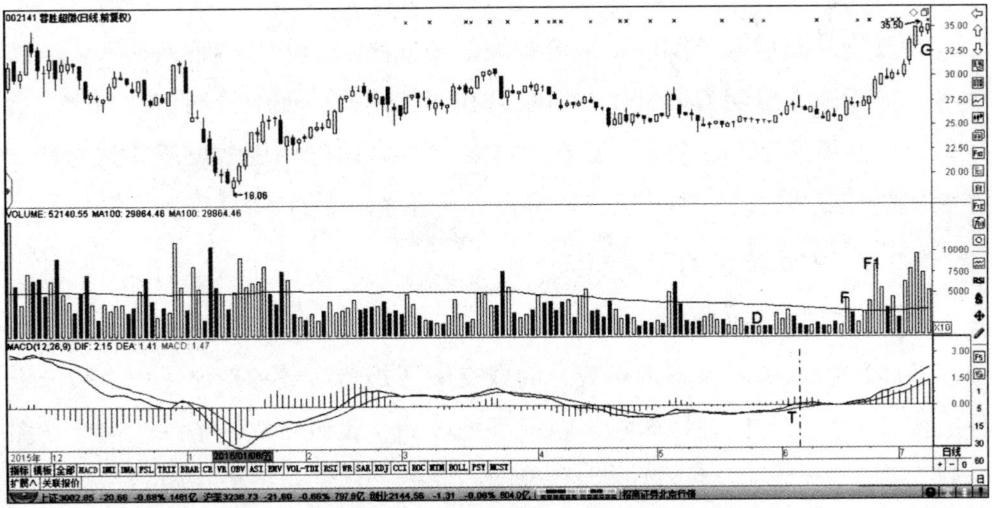

图 2–4　蓉胜超微日 K 线图

操作要领：

（1）从股价经历长期缩量调整来看：如图 2–4 所示，在 D 位置地量量能出现前，该股已经经历半年以上的缩量调整。在长达半年的量能萎缩里，股价波动空间不断收窄，短线交易机会几乎消失。

（2）从地量底部形态得到确认来看：D 位置地量出现以后，接下来成交量明显高于 D 位置量能，随后股价摆脱了地量底部的低价区。MACD 指标在 T 位置回升到 0 轴线上方，也提示股价开始走强。

（3）从放量后股价走强来看：在 D 位置的地量出现底部以后，成交量在 F 位置放大到 100 日等量线上方，同时出现了中阳线的拉升形态。F1 位置的量能更大，股价向上盘升的速度明显加快。从 D 位置对应的底部 25 元到 G 位置的 35 元，股价累计涨幅高达 40%。

总结：地量底部是长期弱势下跌的结果，表明投资者对股票交易的热情降到冰点。地量以后的量能开始逐步放大，股价表现要明显强势。价格摆脱地量底部以后，随后的涨幅还是很可观的。

2.3 100 日等量线接触最低量能

在股价从高位回落期间，量能萎缩的速度决定了价格的下跌趋势和下跌力度。如果成交量明显萎缩，并且股价在高位运行，那么价格下跌力度就会比较大。在缩量期间，股价下跌到一定幅度，才可能出现放量反弹的走势。在确认量能萎缩的过程中，投资者将会看到价格低位的买点机会。

2.3.1 主动缩量的下跌趋势

股价回升到价格高位以后，高价区的反转形态值得投资者关注。如果高价区股价的收盘价依然出现新高，而成交量开始呈现萎缩形态，那么股价维持在高位运行的时间会比较短。量能萎缩以后，股价将进入下跌趋势。在缩量状态下，股价跌幅会不断扩大。量能萎缩的过程，是多方投资者主动减少股票交易的过程，这表明主动缩量的价格下跌趋势将得到延续。

形态特征解读：

（1）高位出现缩量顶形态：高价区出现量能萎缩信号，这是股价见顶的减仓交易机会。如果成交量萎缩至 100 日等量线之下，那么高抛交易机会就可以得到确认。

（2）量能低于 100 日等量线：当成交量低于 100 日等量线后，股价表现已经很弱势，显著的反弹不会在此时出现，价格下跌趋势将得到确认。

（3）价格跌幅扩大：股价在缩量期间扩大跌幅，只要成交量不显著低于 100 日等量线，股价弱势表现就不会结束。

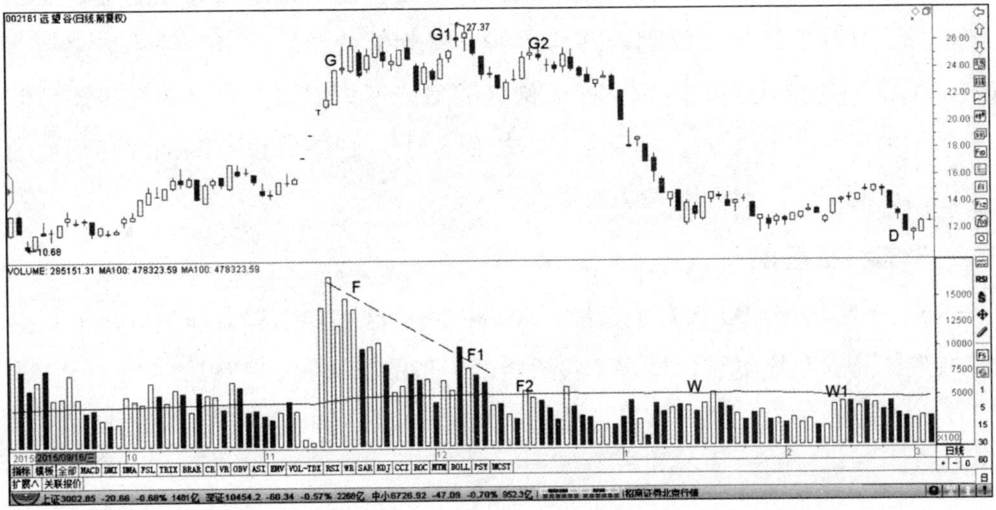

图 2-5　远望谷日 K 线图

操作要领：

（1）从高位出现缩量顶形态来看：如图 2-5 所示，在价格高位，该股连续收出一字线形态，可以看到股价已经飙升到 G 位置的高点。价格表现虽然强势，但是从 F 位置开始已经形成缩量趋势。

（2）从量能低于 100 日等量线来看：成交量从 F 位置开始萎缩，量能在 F1 位置的放大有限，而 F2 位置的量能已经低于 100 日等量线。在量能萎缩期间，股价在 G1 位置见顶，并且从 G2 位置开始加速回落。

（3）从价格跌幅扩大来看：从 G2 位置的 24 元附近下跌到 D 位置的 12 元，该股跌幅高达 -50%。下跌趋势中交易机会减少，W 和 W1 位置的量能虽然放大，但是依然低于 100 日等量线，因此股价涨幅有限。

总结：股价缩量见顶以后，量能处于主动收缩趋势中，然而高抛的交易机会并没有在此时出现。任何缩量反弹都显得非常苍白，直到量能达到 100

日等量线前，交易机会都没有出现。

2.3.2 被动放量触底形态

在股价缩量下跌期间，价格下跌趋势不会轻易结束。如果成交量萎缩趋势延续，100 日等量线的回调趋势也将会得到延续。从缩量下跌趋势来看，如果 100 日等量线明显回调，而低价区的量能不再缩量，这个时候量能可以达到 100 日等量线上方。实际上，成交量在 100 日等量线回调期间开始被动放大，这期间的买点可以确认为建仓机会。

形态特征解读：

（1）高价区成交量开始萎缩：股价在高价区表现强势，但是价格上涨空间有限，此时量能萎缩，是提示股价将要见顶的信号。

（2）低价区 100 日等量线显著回调：一旦股价缩量见顶，价格进入下跌趋势，低价区的量能会低于 100 日等量线。

（3）量能触底后被动放大到 100 日等量线：股价暴跌以后，低价区量能萎缩趋势结束。此时 100 日等量线横向运行。当成交量不再收缩时，量能达到 100 日等量线上方，这期间的放量是被动放量，是比较典型的低价区买点信号。

操作要领：

（1）从高价区成交量开始萎缩来看：如图 2–6 所示，股价在 G 位置见顶以后，价格暴跌，随后反弹到G1 位置的高位点处。随着股价下跌趋势的延续，W 位置和 W1 位置、W2 位置的量能萎缩趋势得到延续。

（2）从低价区 100 日等量线显著回调来看：量能萎缩到 W2 位置的时候，成交量在 F 位置企稳。当量能不再收缩的时候，量能已经高于 100 日等量线。

（3）从量能触底被动放大到 100 日等量线来看：成交量在 F 位置稳定下来，量能被动放大到 100 日等量线上方，而股价在 D 位置强势回升，这是股价触底的买点信号。

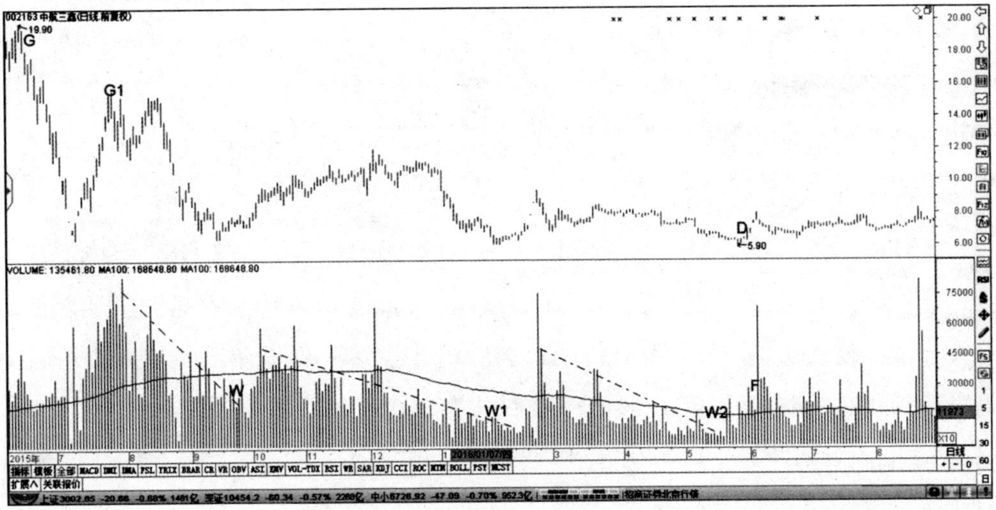

图 2-6　中航三鑫日 K 线图

总结：股价缩量下跌到一定位置以后，成交量并未出现明显放大。但是当量能稳定下来时，股价触底信号就出现了。100 日等量线回落至低位，成交量被动回升到 100 日等量线以上，这是股价触底的买点信号。

2.4　MACD 完成反转走势

典型的底部形态出现以后，可以看到价格方面的触底迹象已经显现，MACD 指标的表现显露了价格触底的一些蛛丝马迹。即便股价依然出现收盘价新低，但如果指标与股价底背离提示出现买点，建仓机会就会得到确认。

2.4.1　MACD 局部背离形态

在股价进入下跌趋势以后，股价跌幅不断扩大，量能也不断萎缩。这个时候，技术指标回升的频律增加。低价区的反弹在短期内不会改变股价的下跌趋势。通过 MACD 指标与股价的底背离形态，可以发现背离提示的买点交易机会即将出现。

低价区的背离形态提示的买点非常重要，如果在背离以后买入股票，可以获得廉价筹码。持有廉价筹码以后，随着价格企稳并出现反弹期，投资者就可以获取收益。

形态特征解读：

（1）股价经历暴跌行情：股价经历暴跌行情以后，价格下跌的力度减小，在低价区股价出现反弹的可能性增加。

（2）股价二次下跌：股价暴跌反弹后涨幅较大，但是在缩量下跌的大趋势中，价格还是会进入二次回落的探底过程中，此时可以看到收盘价出现新低。

（3）MACD 指标与股价背离：与股价收盘达到新低不同，MACD 指标已经开始触底回升，并且与股价形成底背离，这是出现价格底部的信号。

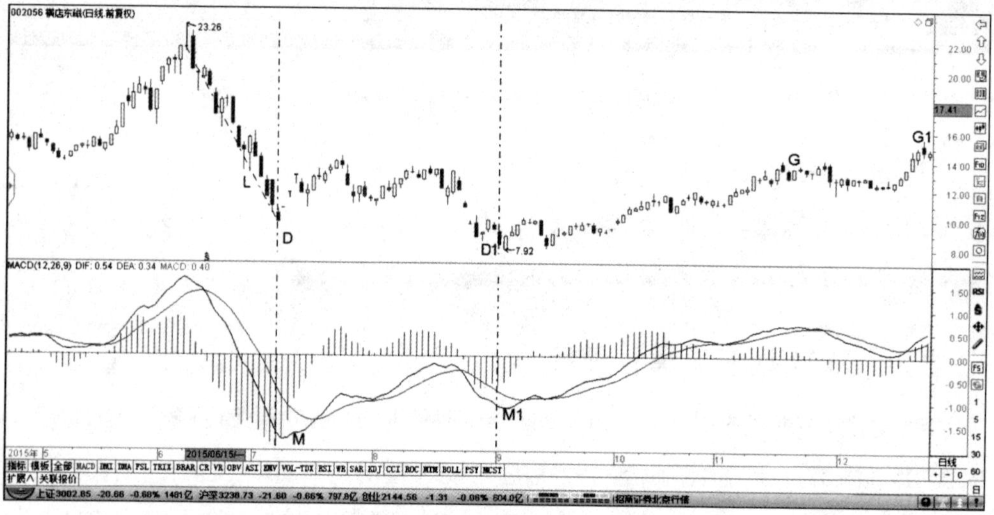

图 2–7　横店东磁日 K 线图

操作要领：

（1）从股价经历暴跌行情来看：如图 2–7 所示，该股经历 L 段新低以后，暴跌到 D 位置，跌幅达 –50%。此时，技术性反弹指标出现在 D 位置对应的价格低点。

（2）从股价二次下跌来看：虽然股价反弹力度很大，从 D 位置开始的股价反弹涨幅超过 30%，但是回升结束以后，股价还是出现了二次下跌的情况，该股收盘价达到 D1 位置的更低收盘点位。

（3）从 MACD 指标与股价背离来看：DIF 线在 M 位置触底以后，指标线与股价底背离，DIF 线回升到 M1 位置相对高位，D1 位置的低价底部买点出现。随着背离后股价出现反弹，价格涨到 G1 位置的 14 元，涨幅达 70% 以上。

总结：股价暴跌以后，虽然低价区首次出现背离形态，但是 MACD 指标依然能够确认价格底部买点。由于 MACD 指标背离不仅提示了均线方面的止跌信号，也提示价格继续下跌的力度减弱，因此低价区的买点机会不容忽视。

2.4.2　MACD 触底反转形态

实战中，股价暴跌以后的背离形态可以是股价反弹的起始点，真实的底部此时可能还没有出现。等待 MACD 指标完成了反转形态以后，价格触底信号才能更好地被确认。到那时，可以根据 MACD 指标的反转形态发现更好的买点机会。从 MACD 指标出现反转形态开始，股价进入回升趋势，此后股价的涨幅更大，持股的投资者盈利空间也会更大。

形态特征解读：

（1）股价结束背离反弹走势：当股价结束背离反弹走势以后，价格进入缩量下跌状态。当背离反弹走势中股价上涨结束时，新一轮的下跌开始。

（2）价格回调到前期低点：价格下跌到前期低点以后，股价再次出现反弹，同期 MACD 指标并未出现显著回落。

（3）MACD 反转形态提示底部买点：当 MACD 指标完成双底形态以后，价格触底信号再次得到确认，低价区的底部买点出现。

操作要领：

（1）从股价结束背离反弹走势来看：如图 2–8 所示，股价背离反弹期间，价格收盘达到 G 和 G1 位置的高位。由于投资者获利减仓，使得该股进入二次下跌的回调走势。

（2）从价格回调到前期低点来看：股价从 G1 位置回调到 B 位置，价格跌幅较大，但是并未跌破前期D1位置的价格水平。

（3）从MACD反转形态提示底部买点来看：股价到达B位置的价格低位以后，可以看到MACD指标在S位置完成了双底形态。随着DIF线企稳回升，图中B1位置的底部再次成为买入的时机。抄底该股后，可以看到随后股价涨幅达80%，到达G2位置高位点处。

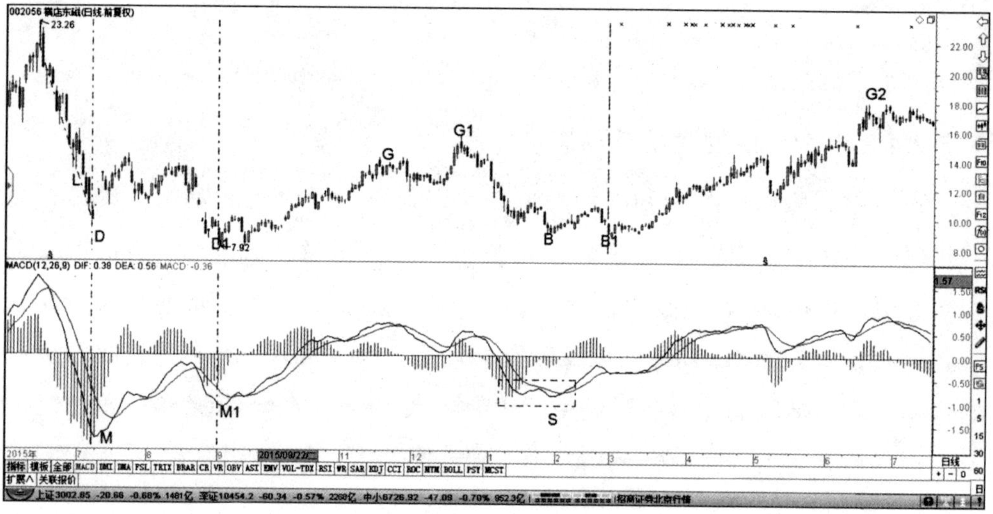

图2-8　横店东磁日K线图

总结：在MACD指标与股价背离期间，买点已经处于低价区，而此时股价还没有进入稳步回升状态。在股价二次回落以后，MACD反转形态提示了更好的底部建仓信号。

第3式

见顶诀：股价见顶形态和交易策略

在牛市阶段，减少损失的最好方法就是准确判断顶部形态。价格顶部是最佳的减仓位置，也是大多数投资者都在尽力追逐的止盈位置。恰当地判断价格顶部形态，对于牛市中减少股价下跌风险至关重要。如果投资者在价格顶部卖掉大部分股票，那么熊市期间的损失会显著降低。

本节重点讲解股价最显著的尖顶和圆顶形态、量能相关的天量顶部、缩量跌破筹码峰的顶部形态和 MACD 指标背离确认的顶部形态。这些典型顶部形态与前面的底部形态相对应，是出现概率较高的减仓信号。

3.1 尖顶和圆顶形态

从价格形态来看，尖顶和圆顶形态是最为常见的顶部反转形态。在尖顶形态中，价格折返的效率很高，趋势反转期间更容易出现尖顶形态。在圆顶形态中，价格下跌的速度较慢，该形态是比较缓和的价格反转形态，因此很容易成为典型的高价区反转形态。

3.1.1 尖顶形态特征解读

股价经历飙升走势以后，价格上涨幅度较大，高价区的反转走势很快就会出现。在高价区的价格反转中，股价常以大阴线下跌的形式出现。从形态上看，类似于倒 V 形的尖顶反转走势。尖顶反转期间，股价下跌的概率大增，是短线抛售股票的重要形态。

形态特征解读：

（1）股价经历单边回升：股价经历单边回升走势以后，价格涨幅超过 100%，高价区出现顶部反转的概率大幅提升，警惕反转是投资者减少亏损的关键。

（2）高价区出现顶部阴线：在高价区股价单边回升期间，连续出现了多个阳线形态。这个时候，反转阴线很容易成为股价下跌的起始形态。

（3）加速下跌确认尖顶形态：首次出现反转阴线以后，在接下来的 3 个交易日中，股价连续出现回落，典型的缩量顶部尖顶反转形态得到确认。

操作要领：

（1）从股价经历单边回升来看：如图 3–1 所示，在股价加速回升期间，价格飙升到 G 位置的高点。同期 F 位置的量能放大后开始萎缩，该股出现顶部信号。

（2）从高价区出现顶部阴线来看：高价区 G 位置的阴线值得关注，因为它是回升趋势反转的重要信号。接下来在 K 位置股价加速杀跌期间出现下影线较长的阳线，表明股价高位运行已经不够稳健。

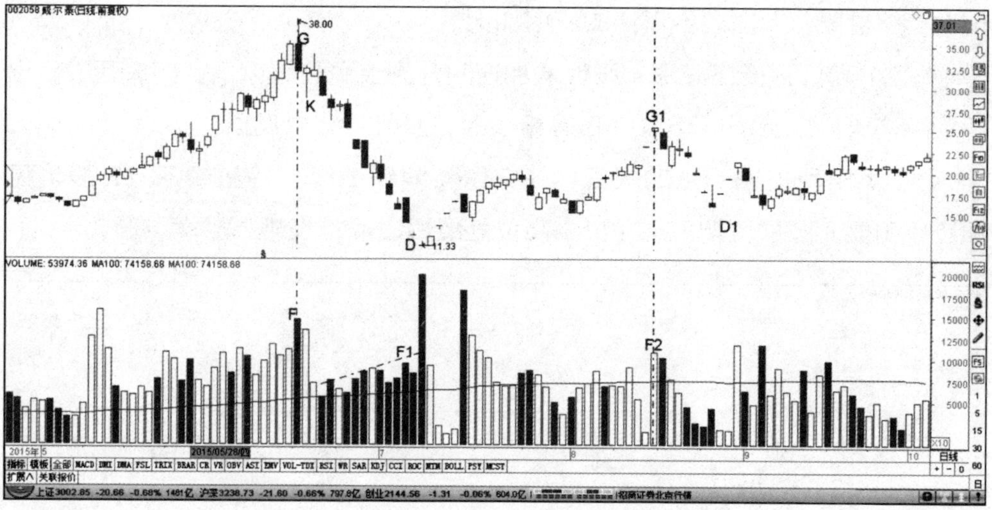

图 3–1　威尔泰日 K 线图

（3）从加速下跌确认尖顶形态来看：量能持续放大到 F1 位置的时候，加速放量的股价底部出现在图中 D 位置的低价区。类似的尖顶反转出现在 G1 位置，股价在 F2 位置短线放量后，继续回落到 D1 位置的底部价位。

总结：尖顶反转形态从大阴线回落开始，随着放量下跌走势的形成，可以看到股价进一步下跌的空间扩大，此时，能够准确判断尖顶形态的投资者可以明显降低损失。

3.1.2　圆顶形态特征解读

股价短期显著反弹以后，涨幅快速扩大，高价区的反转走势可以在价格涨幅趋缓以后形成。在高价区的价格反转过程中，股价开始出现小阴线下跌的走势，从形态上看，呈现类似于倒 U 形态的圆顶反转走势。圆顶反转期间，股价短时间内跌幅有限，但是累计下跌空间可能比较大。倒 U 形反转是投资者减少持股的重要形态。

形态特征解读：

（1）股价经历显著回升：股价从低位显著回升，价格涨幅加大，成交量出现萎缩迹象，此时股价见顶的概率加大。

（2）高价区价格滞涨：股价从加速回升到上涨趋缓以后，高价区股价出现顶部迹象。当量能低于 100 日等量线时，股价更容易见顶。

（3）出现加速回落的圆顶：成交量萎缩到 100 日等量线下方，股价见顶迹象明显。圆顶反转形态在价格高位处缓慢出现，表明高抛卖点形成。

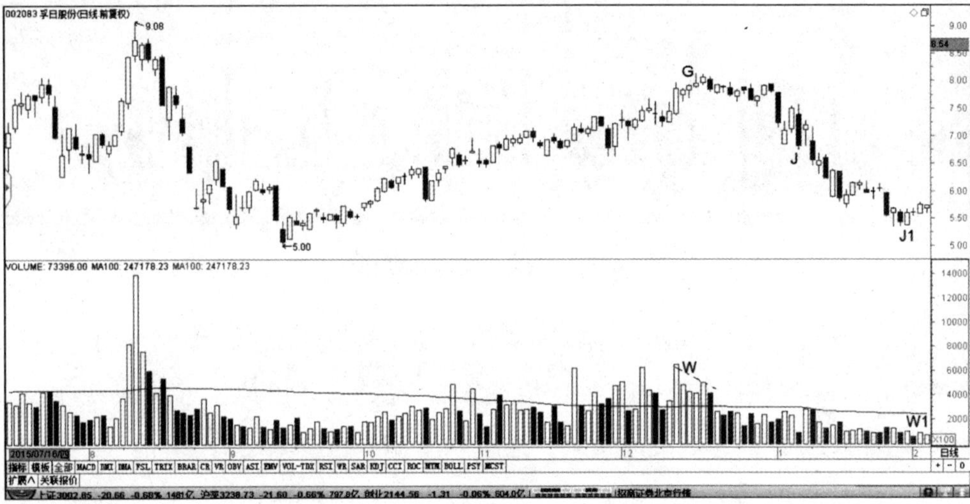

图 3-2　孚日股份日 K 线图

操作要领：

（1）从股价经历显著回升来看：如图 3-2 所示，股价放量上涨到图中 G 位置的价格高位，涨幅达 50%。

（2）从高价区价格滞涨来看：当该股强势飙升以后，图中 W 位置的量能萎缩值得关注。缩量期间，价格高位 G 的股价表现开始走弱，出现了新低的小阴线形态。

（3）从加速回落的圆顶出现来看：量能萎缩以后，股价从缩量调整到加速回落，W1 位置的量能明显低于 100 日等量线，而股价在 J 位置出现杀跌走势。圆顶反转期间，股价暴跌到 J1 位置的低价区。

总结：缩量顶部出现以后，股价距离高位反转一步之遥。价格短期还未大跌，只是因为股价以圆顶形式进入下跌状态。在量能持续萎缩的过程中，可以看到股价加速回落的征兆出现。

3.2　天量顶提示高位顶

股价回升期间通常成交量会持续放大，量能放大到天量状态以后，股价见顶概率大增。在天量顶部出现的那一刻卖出股票，投资者减少损失的几率将会很高。实战当中，也能够看到股价在天量顶部出现的时候开始下跌，最佳卖点也在这个时候形成。

3.2.1　天量量能的筹码高效换手

放量上涨期间，主力投资者拉升股价动用的资金量相对稳定，并不会有大量资金进出股市。而在天量量能出现期间，大量筹码在高价区换手，股票换手速度加快，意味着主力投资者在高价区的抛售行为增加。天量顶部换手以后，股价见顶速度加快，反转走势通常都在天量顶部期间形成。

形态特征解读：

（1）股价经历加速回升阶段：当股价经历了加速回升以后，股价上涨空间较大。回升趋势中，股价涨幅可以达到 100% 甚至更高。

（2）高价区出现天量阴线：出现天量阴线以后，高价区的筹码换手率大幅度提升。这个时候，股价见顶的概率很高。

（3）量能维持高量能状态：如果成交量维持高量能状态，股价见顶的可能性会增加。在高成交量的情况下，筹码在高位大量换手，主力投资者很容易在高价位完成出货行为。

操作要领：

（1）从股价经历加速回升阶段来看：如图 3–3 所示，股价加速上涨期间，价格飙升到 G 位置的 16 元以上。进一步上涨后，股价接近 20 元，涨幅接近 100%。

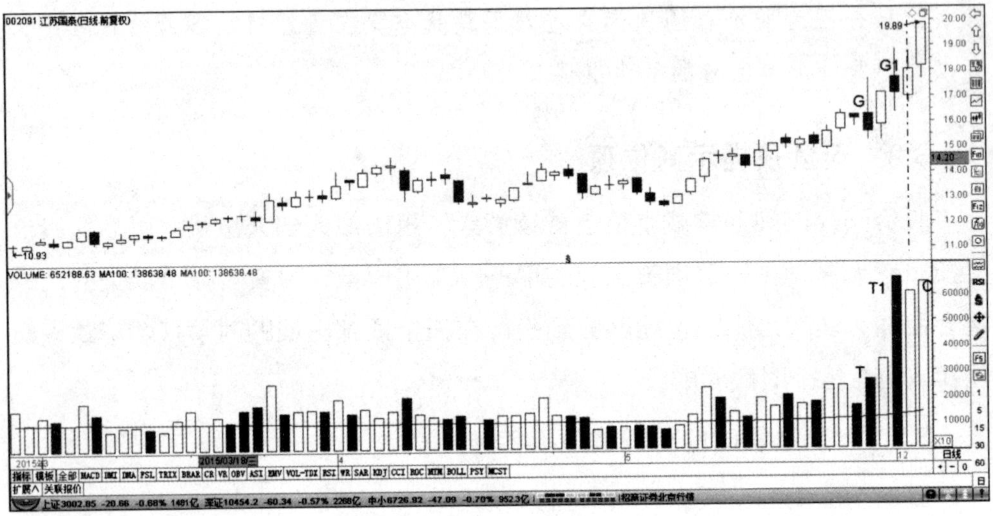

图 3-3　江苏国泰日 K 线图

（2）从高价区出现天量阴线来看：从图中看到，股价在 T 位置的量能已经是天量量能，而 T1 位置量能相对 T 位置放大了 1 倍，是更大的天量量能。

（3）从量能维持高量能状态来看：在 T1 位置天量量能出现以后，接下来两个交易日，量能在 C 位置维持高位，表明筹码大量换手。可见，股价高位顶部反转的可能性很高，该股天量顶部反转走势将很快得到确认。

总结：天量顶部反转中，量能达到天量是提醒投资者主力在主动减少持股的信号。股价飙升的走势得到延续，但反转形态值得关注。如果在天量期间减少持股，那么在接下来的下跌趋势中，就能大大降低利润回吐的风险。

3.2.2　缩量低开提示反转

出现天量顶部形态以后，接下来量能开始萎缩，股价在高价区出现缩量下跌的情况。随着量能萎缩，黑三兵 K 线形态很容易成为价格继续下跌的趋势形态。黑三兵形态出现以后，量能相比天量出现显著萎缩，价格进一步下跌的空间被打开，天量顶部卖点随后得到确认。

形态特征解读：

（1）出现缩量阴线形态：出现天量顶部期间，高价区的缩量阴线提示股价进入顶部反转阶段，价格开始出现明显的回落走势。

（2）出现黑三兵形态：黑三兵形态出现以后，价格连续3个交易日下跌，这是难以逆转的反转信号。如果是3根显著回落的中阴线或者大阴线，股价下跌趋势更能得到确认。

（3）量能萎缩提示价格反转：量能萎缩提示黑三兵形态的反转效果较好，成交量显著缩量以后，价格弱势表现可以得到延续。

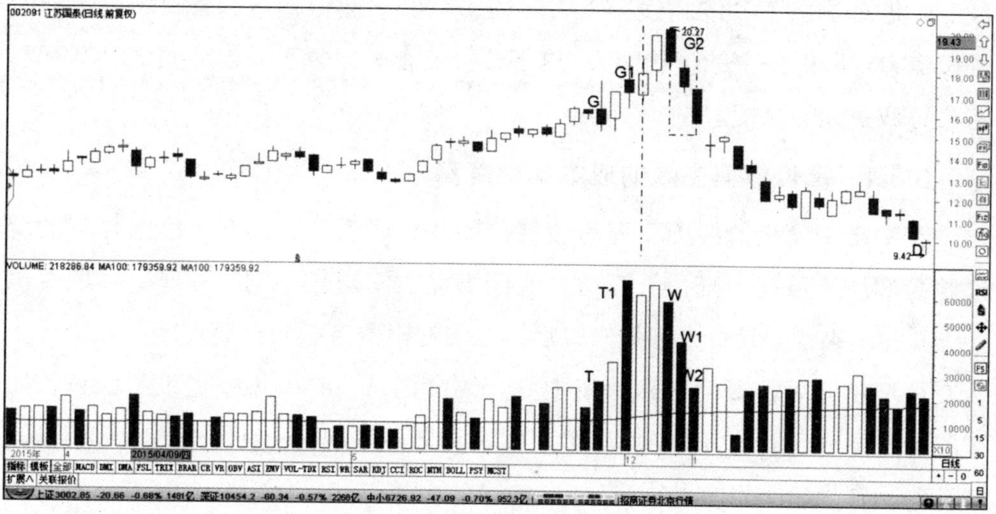

图3-4　江苏国泰日K线图

操作要领：

（1）从出现缩量阴线形态来看：如图3-4所示，从图中可以看到股价在G2位置出现了一根顶部大阴线。虽然当天股价高开，但是收盘阴线还是提示了天量顶部卖点。

（2）从出现黑三兵形态来看：首次出现大阴线形态以后，接下来的两个交易日中，该股继续出现阴线形态，黑三兵的K线组合形态成为股价顶部信号。

（3）从量能萎缩提示价格反转来看：首次出现大阴线时，量能已经在

W 位置出现萎缩。接下来 W1 和 W2 位置量能继续萎缩，量能萎缩速度很快，黑三兵推动的下跌趋势得到延续。股价进入下跌趋势以后，很快到达 D 位置的 10 元附近，短期暴跌 –50%。

总结：天量顶部形态配合黑三兵的下跌走势，确认股价见顶的概率很高。特别是成交量从天量萎缩以后，在黑三兵的推动下，价格跌幅将不断扩大。

3.3 缩量跌破筹码峰预示反转

当股价缩量跌破筹码峰以后，筹码峰位置持股的投资者会陷入亏损状态。此时，推动价格下跌的阴线形态将明显影响价格运行趋势。筹码峰位置持股的投资者对股价多空的影响很大，这部分投资者如果急于减少亏损，卖掉股票，将会导致更大的跌幅。

3.3.1 高位筹码主峰的成本集中度高

在牛市中，股价经历了显著放量的飙升阶段后，筹码向高价区转移的规模将会增加。量能越高，价格在高价区横盘时间越长，相应的筹码峰规模也更大。通常来说，股价大幅飙升以后，追涨的投资者都会在高价区买入股票。成交量增加以后，高价区筹码集中度大幅度提升，筹码规模也不断增长。如果股价在高价区形成强势，则不会对投资者造成影响，一旦价格跌破筹码峰，将会对回升趋势产生重大影响。

形态特征解读：

（1）股价经历放量暴涨：在放量阶段，股价表现非常强势。这个时候，价格上涨推动的筹码峰飙升状态不断延续。

（2）价格结束一字线连涨状态：一字线连涨阶段，股价涨幅虽然不断提升，但是筹码转移效率很低。一字线连涨状态结束以后，高价区的筹码转换速度快速提升，高价区出现筹码峰形态。

（3）高价区形成筹码主峰：高价区股价横盘运行期间，出现筹码主峰形态，这是投资者高价追涨买入股票的结果，同时也在提醒持股的投资者高价卖掉股票。

操作要领：

（1）从股价经历放量暴涨来看：如图 3–5 所示，图中 F 位置量能显著放大，股价经过多个交易日的涨停后，进入横盘运行状态。

（2）从价格结束一字线连涨状态来看：在冲击价格顶部的时候，该股曾经出现了 3 个一字涨停板。高价区打开涨停板，F1 位置的量能显著放大，使得筹码快速向顶部转移。

（3）从高价区形成筹码主峰来看：G 位置价格横盘运行期间，可以看到 P 位置出现筹码主峰形态，这是投资者在高价区集中买入股票的结果。

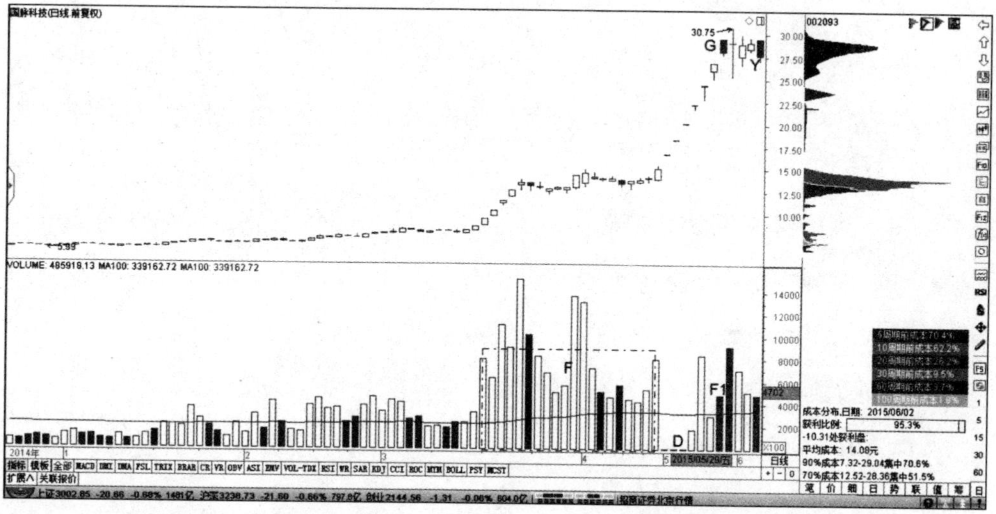

图 3–5　国脉科技日 K 线图

总结：股价结束飙升以后，在获利盘减少持股的过程中，场外散户投资者大量追涨买入股票，使得筹码转移到高价区。此时需要足够大的量能，才能维持股价在高位运行，否则股价将进入缩量下跌的熊市行情状态。

3.3.2 跌破筹码主峰的套牢盘增加

在价格高位，股价经历了强势表现的牛市行情以后，筹码向高价区转移。虽然高价区并不一定聚集很多筹码，但是筹码规模显著增强以后，投资者高位持股的风险将会增加。高价追涨的多数是短线交易的散户投资者，这部分投资者持股耐心不足，对价格下跌非常敏感。如果股价跌破高价区的筹码主峰，追涨的散户投资者会出现非常大的亏损，在散户逃顶期间，价格自然会暴跌。

形态特征解读：

（1）股价从高价区回落：股价从高价区回落以后，价格会跌破最高价位的筹码峰。在此期间，追涨的投资者会被套牢，抛售股票的投资者将会快速增加。

（2）量能低于 100 日等量线：在量能低于 100 日等量线期间，股价从高价区缩量下跌，下跌趋势得以延续。在缩量状态下，做空投资者主导了价格下跌趋势。

（3）高价区股价跌破筹码主峰：当股价继续回落以后，价格跌至高位筹码峰下限，这是高位持股投资者全部被套牢的信号，意味着股价下跌趋势将快速展开。

操作要领：

（1）从股价从高价区回落来看：如图 3–6 所示，该股在 Y 位置短线回落，价格跌破了最高价位的筹码峰，下跌趋势展开。

（2）从量能低于 100 日等量线来看：图中量能在 F1 位置开始萎缩，在量能低于 100 日等量线期间，该股的表现显然已经非常弱势。

（3）从高价区股价跌破筹码主峰来看：在价格弱势下跌期间，股价在 G1 位置跌破了价格高位 P1 的筹码主峰，这意味着套牢盘大幅增加，股价下跌趋势难以改变。

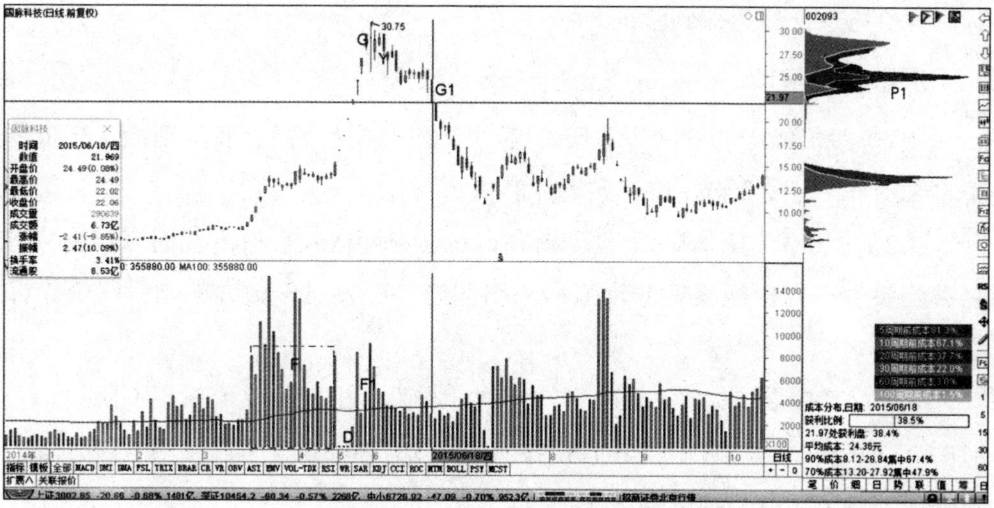

图 3-6　国脉科技日 K 线图

总结：在高价区，股价不断下跌到筹码峰下限的过程，其实就是套牢盘增加的过程。在此期间量能萎缩，抛售盘增长迅速，因此价格缩量下跌的趋势难以在短时间内结束。

3.4　指标背离可高抛

股价见顶期间，用于判断顶部的指标如果发出了背离信号，那么股价见顶的概率就会变得非常高。通过背离判断价格高位的卖点，是一种比较有效的方法。实战当中，MACD 指标与股价高位背离，可以视为抛售信号。MACD 指标与股价高位背离，表明股价运行期间出现了滞涨的情况，背离的那一刻便是高价抛售股票的时机。

3.4.1　一次 MACD 指标背离卖点

在股价大幅回升的高价区，一次简单的 MACD 指标与股价背离形态并不奇怪，这是股价顶部反转的重要时机。背离期间股价的收盘价格涨幅有限，这被视为股价见顶的典型形态。在顶部反转形态中，MACD 指标的 DIF 线率先反转，这是推动价格下跌的主要因素。随着股价不断下跌，反转走势得到确认，价格下跌趋势得到验证。

形态特征解读：

（1）股价经历飙升阶段：股价经历了飙升阶段以后，股价涨幅达到或者超过 100%，为投资者提供了高抛的时机。

（2）价格高位出现两个收盘新高：在连续两次收盘价出现新高以后，可以看到股价在高价区表现非常强势，而在第二次收盘价新高期间，股价累计涨幅很小。

（3）DIF 线与收盘价新高形成背离：与股价出现收盘价新高不同的是，MACD 指标并未跟随 DIF 线创新高，而是开始背离回落。随着 DIF 线的下跌，股价顶部背离卖点得到了确认。

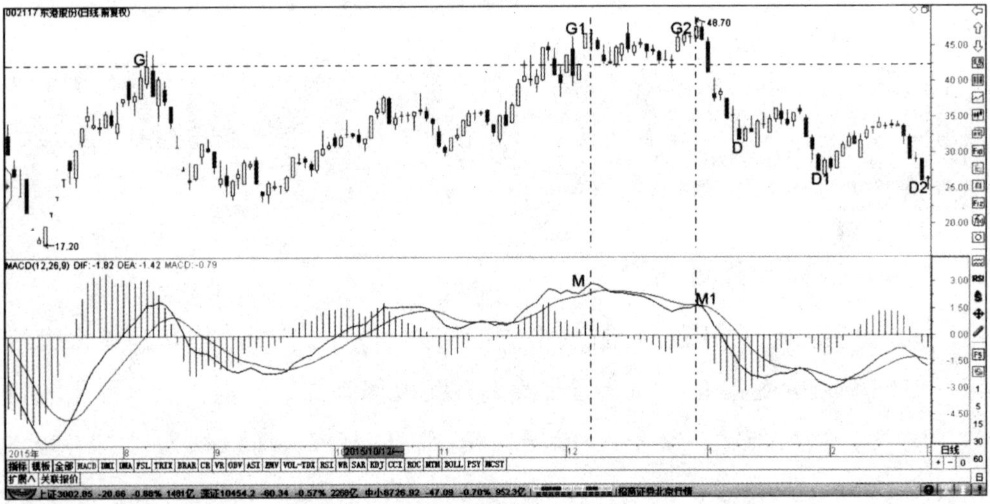

图 3–7 东港股份日 K 线图

操作要领：

（1）从股价经历飙升阶段来看：如图 3–7 所示，当股价从低位 17 元上方飙升到 G 位置 42 元的时候，该股涨幅达 140%。价格继续回升到 G1 位置，该股涨幅超过 160%。

（2）从价格高位出现两个收盘新高来看：股价继续飙升到收盘价新高

G1 和 G2 高位。但是 G2 位置的收盘价勉强高于 G1 位置，这是股价上涨乏力的信号。

（3）从 DIF 线与收盘价新高形成背离来看：MACD 指标的 DIF 线首先从 M 回落到 M1 位置，这是典型的背离信号。DIF 线背离回调，表明股价的顶部特征已经得到确认。

总结：由于股价累计涨幅较大，在价格高位股价收盘达到新高的动力不足，抛售压力决定了背离提示的卖点是有效的。此时持股投资者倾向于主动减少持股，其效果便是推动价格形成反转形态。

3.4.2　二次 MACD 指标背离卖点

股价进入回升趋势以后，在股价大幅飙升的情况下，抛售压力快速积累。在高价区，股价回升趋势并未结束，但是上涨空间受到制约。看似强势的大阳线拉升走势，是主力投资者最后的诱多操盘。随着诱多拉升消失，散户抛售股票主导了价格下跌走势。实战当中，当 MACD 指标与股价顶背离时，卖点就在背离的那一刻显现。如果高价区股价表现抢眼，背离可能会出现两次甚至更多。多次背离表明股价高抛卖点更加有效，减少持股可以显著降低亏损。

形态特征解读：

（1）股价经历强势回升阶段：股价经历强势回升阶段，价格快速达到高位。同时，价格高位的抛售压力也在快速增加。

（2）高价区股价二次拉升：在高价区，股价还未出现见顶回落的情况，但是股价上涨空间有限。之后价格出现两次拉升走势，但涨幅收窄。

（3）DIF 线两次与股价背离：当价格在高价区两次飙升以后，DIF 线已经与股价两次背离，提示的高抛机会更加确定。

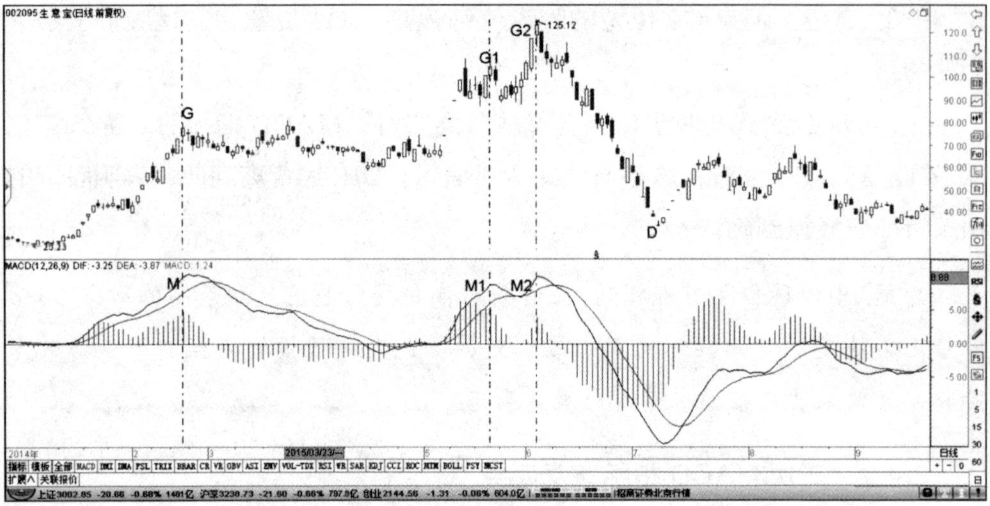

图 3–8　生意宝日 K 线图

操作要领：

（1）从股价经历强势回升阶段来看：如图 3–8 所示，当股价飙升到 G 位置 70 元时，价格从 25 元上涨了 180%。不得不说，该股已经经历了强势飙升阶段。

（2）从高价区股价二次拉升来看：价格在 G 位置见顶以后，股价出现横向运行的情况。横盘时间不长，股价在二次拉升阶段达到 G1 和 G2 位置的收盘价高位。

（3）从 DIF 线两次与股价背离来看：价格在高位飙升期间，MACD 指标的 DIF 线已经与股价高位背离。M1 和 M2 位置都低于 M 位置，提示高抛卖点出现在 G2 位置。两次背离后，股价从收盘价 123 元暴跌到 34 元，跌幅高达 –70%。

总结：MACD 指标与股价首次背离，可以视为第一次减仓交易机会。相较于股价大幅下跌的走势，投资者在首次背离的时候卖掉一些股票，可以降低损失。第二次背离后，将全部股票出售，可以有效避免下跌趋势中利润大幅缩水的情况。

第 4 式

控仓诀：精准控制仓位，提升投资效率

价格运行是多变的，交易机会并非只出现在单边回升趋势中，单边回升只是盈利的主要阶段。从仓位控制来看，最重要的阶段应该是在单边回升趋势中，股价弱势震荡或者下跌阶段，仓位可以很少甚至达到空仓状态。在价格下跌趋势中，应持有较少的仓位，以减少重仓带来的风险。

本节围绕价格运行和仓位设置，揭示仓位变化对盈利的影响，帮助投资者以最佳仓位应对价格波动。

4.1 价格波动、仓位变化对盈利的影响

当股票价格处于区间波动时，如果持股数量始终不变，那么即使有盈利，利润也是微乎其微的，因为股价并未出现有效涨幅。而在单边趋势中，在仓位不变的情况下，盈亏随着价格涨跌幅的扩大而改变。如果投资者能在单边趋势中调整持仓，在股价上涨期间增加持仓数量，在股价下跌期间减少持仓数量，盈利空间会更大，亏损幅度也会得到有效控制。

4.1.1 回升趋势加仓盈利

在回升趋势中，价格表现逐渐趋于强势，这个时候调仓可以获得更高的收益，当然，回升趋势中调仓以加仓为主。股价回调期间，买入股票就有机会进一步扩大盈利。在上涨趋势中，历次价格回调都能成为加仓的机会，此阶段持股数量可以逐步增加，仓位逐渐达到重仓甚至全仓状态。在全仓状态下，股价每上涨 1%，相应地，投资者就能够获得 1% 的收益。当价格回升趋势得到加强以后，盈利空间将会显著提升。

形态特征解读：

（1）股价经历熊市阶段：股价经历熊市阶段以后，价格跌幅很大。如果股价触底回升的信号得到确认，低价区的价格反弹还是值得期待的。

（2）背离提示买点信号：背离形态经常成为股价触底的信号，特别是在暴跌以后，股价下跌潜力明显减小，通过 MACD 指标与股价出现低价背离，可以确认买点信号。

（3）价格走强后，调整阶段出现买点：典型的放量反弹出现以后，价格开始走强。如果短期缩量出现调整走势，就形成了加仓买入机会。

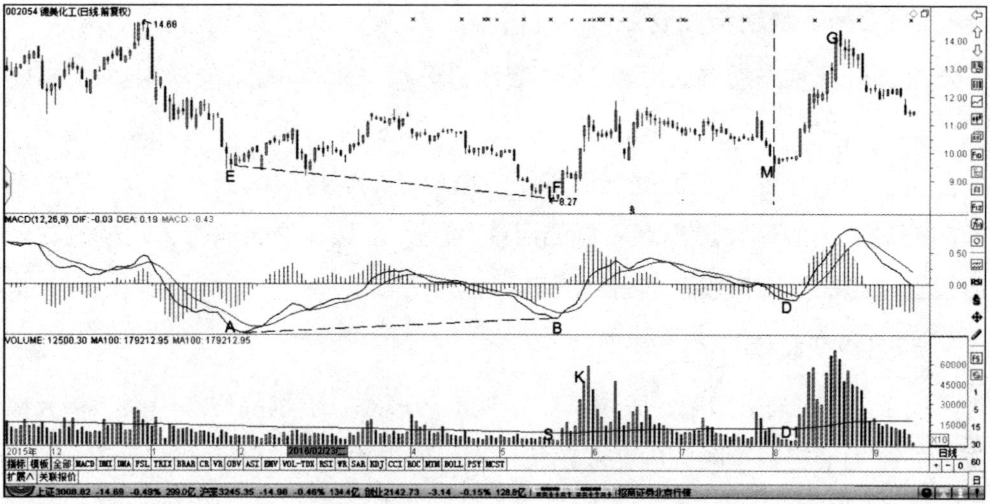

图 4-1　德美化工日 K 线图

操作要领：

（1）从股价经历熊市阶段来看：如图 4-1 所示，在股价大幅下跌期间，价格从 14 元高位下跌至 F 位置的最低 8.27 元，跌幅接近 -50%。

（2）从背离提示买点信息来看：股价出现收盘价新低，同期 MACD 指标已经出现企稳信号。MACD 指标的 DIF 线从 A 回升到 B 位置，与股价出现收盘价新低形成背离。S 位置出现地量以后，该股又在 K 位置显著放量，成交量相当于 100 日等量线的 5 倍以上，这是主力介入该股的信号。

（3）从价格走强后出现调整阶段买点来看：背离阶段 F 位置的价格低位是不错的建仓价位。随着股价在 K 位置放量，股价随之上涨，之后主力开始拉升该股。进入回升状态以后，股价又回调到 M 位置的低点，同期量能达到 D1 位置底部。MACD 指标的 DIF 线短期回调到 D 位置，提示加仓机会形成。

总结：背离提示的买点，投入资金量可以在 50%，接下来股价放量回升，确认了回升趋势，加仓买点确认以后，盈利机会将大幅提升。在本案例中，股价飙升到 G 位置的高点，前期如果加仓，盈利效率将得到大幅提升。

4.1.2 下跌趋势减仓避险

典型的顶部形态确认以后，价格很快进入缩量调整状态。随着调整的持续，股价下跌空间不断放大，典型的高抛卖点出现在反弹阶段。在价格反弹期间，卖点价位可能相对最高价位低很多，但这也是减少持股的有利时机。因为调整时间越长，股价收盘出现新低的可能性越大。从量价表现看，短期的放量阶段通常是高抛卖掉股票的有利时机。

形态特征解读：

（1）出现天量顶部：天量顶部出现反转形态，价格高位筹码换手率大幅提升，主力很容易短时间内完成出货行为，使得股价转为下跌趋势。

（2）股价进入缩量下跌：成交量从天量转变为缩量后，股价从高位回落。价格确认反转的效率很高，尖顶反转形态成为价格下跌的起始形态。

（3）量能萎缩阶段出现高抛机会：成交量从天量量能开始萎缩以后，量能不断向 100 日等量线靠近。在此期间，价格短线放量都可以成为减少持股的交易机会。

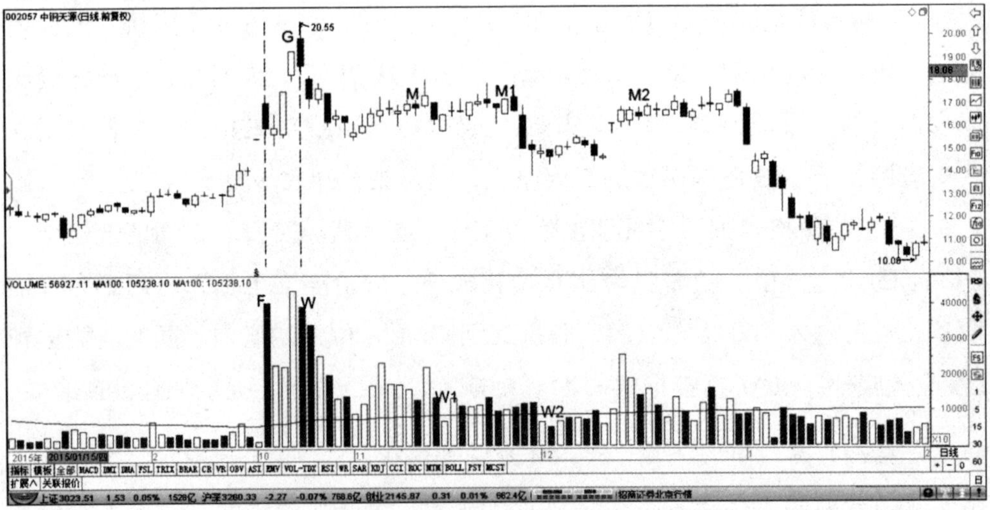

图 4-2　中钢天源日 K 线图

操作要领：

（1）从出现天量顶部来看：如图 4–2 所示，在股价出现一字线涨停后的第二个交易日，图中 F 位置就已经出现了天量量能，量能是 100 日等量线的 7 倍，显示资金在这个时候的成交非常充分。这种天量量能在接下来的 3 个交易日中再创新高，资金出逃的可能性非常大。

（2）从股价进入缩量下跌来看：当股价在 W 位置出现缩量信号以后，该股已经在 G 位置见顶回落。天量成交的顶部形态确认，该股下跌趋势短期内难以逆转。

（3）从量能萎缩阶段出现高抛机会来看：虽然股价从高位 G 对应的 20 元暴跌至 10 元，但是反弹期间如果减少持股数量，还是能明显降低亏损的。在没有减少持股的情况下，损失可达 –50%。图中量能在 W1 和 W2 位置低于 100 日等量线前，卖点出现在 M、M1 和 M2 位置。如果三个位置都减少总仓位的 30%，价格下跌至 10 元期间，亏损仅为 –25%。

总结：量能在 100 日等量线上方时，价格相对活跃，高抛卖点也很容易确认。虽然减少持股期间股价已经下跌 –15%，达到 17 元，但是三次减少持股以后，可以将亏损从 –50% 降低到 –25%，避险效果显著。

4.2　短期异动藏买卖机会

短线价格异动通常由成交量脉冲放大引起，价格异动次数增加，相应的短线交易机会也在增加。如果脉冲震荡期间价格运行趋势得到确定，投资者就可以根据成本控制方法来把握盈利机会。当股价震荡回升时，投资者可以通过增加持股数量来扩大收益空间；当股价震荡下跌时，在价格反弹的高位减少持股可以降低亏损。

4.2.1　脉冲震荡的增持盈利机会

在脉冲放量的回升趋势中，价格表现出强势特征，但是股价上涨空间不大。随着震荡的延续，可以看到股价在局部行情中表现出较好的一面。收盘价震荡创新高，高抛和低吸的交易机会出现。从价格回升大趋势来看，在震荡中增加持股数量，有望获得较高收益。回升趋势中，脉冲行情提供了低价增持股票的交易机会。如果投资者在股价运行到高位时，采取减仓的交易策略，之后以更大规模的资金低价增持股票，在价格上涨期间，盈利空间就会更大。

形态特征解读：

（1）低价区脉冲放量：低价区出现脉冲量能以后，股价开始走强，持股盈利的机会也在脉冲放量回升期间出现。

（2）股价阶段性走强：当股价阶段性走强以后，脉冲量能推动的价格回升走势出现，此时是短线盈利的交易机会。

（3）累计涨幅不断创新高：每一次脉冲放量期间，股价都实现了一定的涨幅。脉冲放量结束，价格回调期间，是比较好的增持机会。由于股价累计涨幅较大，增持后盈利幅度可以得到较大的提升。

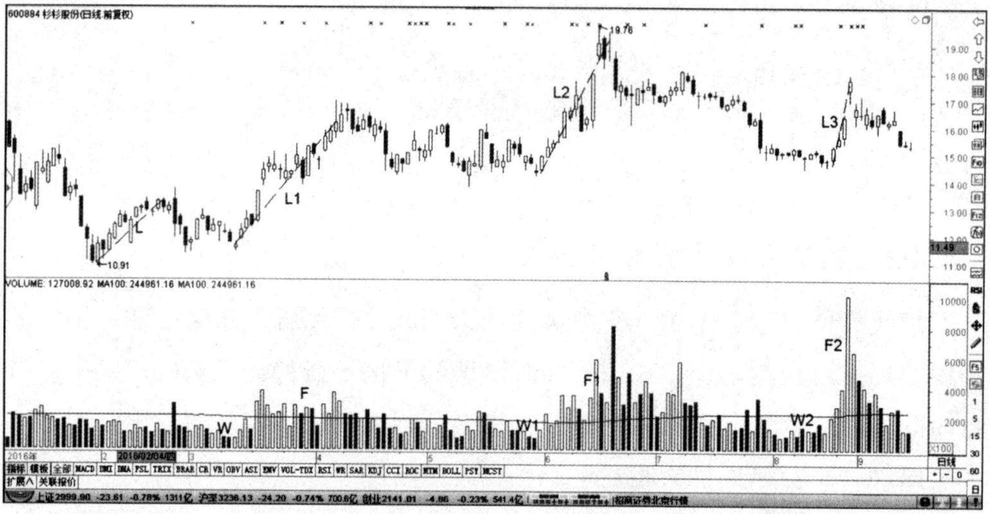

图 4-3　杉杉股份日 K 线图

操作要领：

（1）从低价区脉冲放量来看：如图 4-3 所示，股价在 L 段反弹以后，量能在 W 位置触底。接下来脉冲放量出现在 F 位置，股价在 L1 位置呈现了一段明显的飙升走势。

（2）从股价阶段性走强来看：在 L1 位置的脉冲行情中，价格涨幅超过 30%。脉冲结束以后，该股从 16 元高位向下回调 –10%，低价买入股票的机会在脉冲行情结束以后出现。

（3）从累计涨幅不断创新高来看：从图中可以看到，股价在 L、L1 和 L2 阶段都出现了较大涨幅。从收盘价来看，该股达到收盘价新高。W、W1 和 W2 位置量能萎缩期间，都是低价增持的时机。随着涨幅的扩大，增加持股后的盈利空间也随之不断扩大。

总结：脉冲行情中，在股价累计涨幅较大的情况下，能够看到加仓持股的风险也在增加。这种操作模式与其说是把握脉冲行情期间的低价抄底机会，不如说是在高抛和低吸的交易策略指引下完成盈利过程。当然，高抛低吸交易期间，整体持股数量不断增加，可以扩大盈利空间。

4.2.2　脉冲反弹的减仓交易机会

股价进入下跌趋势以后，价格跌幅不断扩大，这期间出现的技术性反弹走势，为投资者提供了高抛交易机会。随着反弹次数不断增加，高抛交易的卖点也不断得到验证。如能通过脉冲行情高位减少持股数量，在下跌趋势中自然可以降低亏损。

在下跌趋势中，任何反弹都是不错的减仓交易机会。股价触底前，反弹总是会存在的。反弹消失以后，价格波动空间收窄，才会出现低价买入的机会。

形态特征解读：

（1）股价高位见顶回落：当股价从高位回落以后，量能萎缩期间，股价出现暴跌走势。任何暴跌行情都很容易出现反弹走势，高抛交易机会不容忽视。

（2）脉冲放量反弹提供卖点：即便在股价缩量下跌期间，也能够看到脉冲放量的高抛交易机会。脉冲量能虽然不大，但是反弹冲高卖点提供了减仓的机会。

（3）量能萎缩，反弹消失：随着量能逐渐萎缩，脉冲放量反弹的量能也在萎缩。直到成交量显著低于 100 日等量线时，价格反弹消失，股价随后触底。

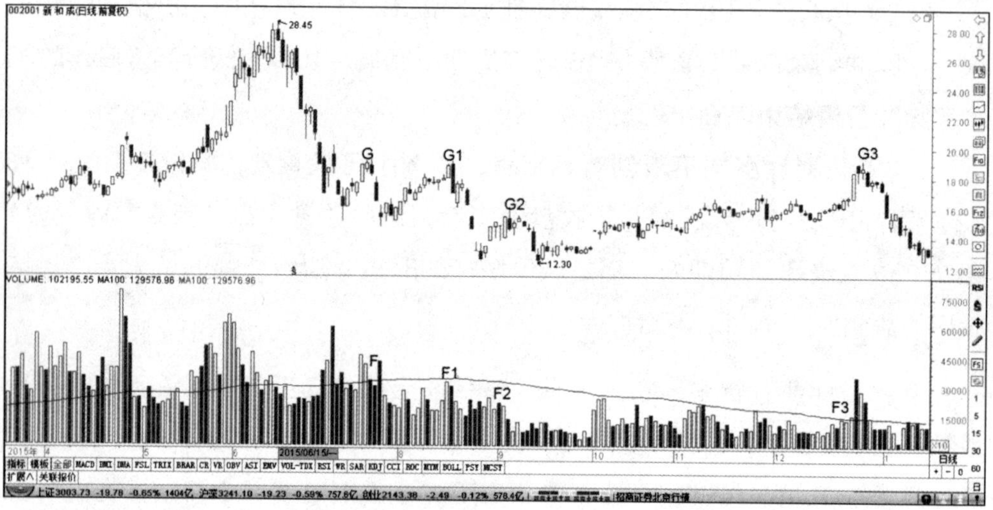

图 4-4　新和成日 K 线图

操作要领：

（1）从股价高位见顶回落来看：如图 4-4 所示，股价从高位下跌期间，该股跌幅高达 -40%，技术性反弹的高位出现在 G 位置。

（2）从脉冲放量反弹提供卖点来看：G 位置的价格高位相比 12.3 元最低价高 50%，投资者在反弹高点减少持股，可以显著降低亏损。类似的高抛卖点同样也出现在 G1 和 G2 位置。

（3）从量能萎缩、反弹消失来看：脉冲放量期间，可以看到成交量在 F、F1 和 F2 位置都出现了放大，但是量能放大幅度收窄。F2 位置放量以后，量能显著低于 100 日等量线，使得股价波动空间达到最小，同时收盘价创新低。类似的脉冲放量高抛卖点在 F3 位置放量期间的 G3 位置也曾经出现。

总结：在下跌趋势的脉冲放量走势中，高抛卖点为投资者提供了调整仓位的机会。从减少损失来看，减少持股的价位相对顶部已经很低，但是依然高于下跌趋势中的最低价位，这对于投资者降低亏损来讲还是有效的。

4.3　看长期趋势可获高收益

价格局部回调期间，对于短线投资者而言很容易出现亏损。对于长期持股的投资者来讲，局部回调提供了绝佳的建仓交易机会。如果投资者在价格低位买入股票，能够在行情发酵的时候扩大收益。虽然这种低价买入股票的投资者持股时间较长，但是盈利空间也相对较大，付出的时间还是值得的。

4.3.1　弱势低价买点和长期趋势盈利

股价进入下跌趋势以后，能够看到价格下跌空间较大，非常典型的抄底机会可能出现在价格下跌期间。股价跌幅大，恰好为长期持股的投资者提供了建仓机会。随着行情的不断发酵，可以看到低价洗盘阶段的买点已经成为投资者扩大收益的关键。

形态特征解读：

（1）股价进入下跌趋势：当股价进入下跌趋势以后，收盘价总是能够到达更低的价位。此时，价格反弹很难改变股价的下跌趋势，价位更低的买点还是会不断出现。

（2）下跌期间换手率不断提升：下跌期间换手率不断提升，这是持股者持续减持股票造成的，因此，下跌期间会出现明显的量价齐跌走势。

（3）低价杀跌提供了建仓机会：在低价区域，股价放量杀跌为投资者提供了建仓可能。低价区股价累计下跌空间较大，从长期交易的持仓成本看，投资者抄底买入股票的成本更低，而且长期持股以后，投资者可以获得较高的收益。

操作要领：

（1）从股价进入下跌趋势来看：如图 4–5 所示，股价进入下跌趋势以后，该股从高价区的 30 元价位持续下跌到低价区 B 位置的 16 元附近，跌幅接近 –50%。从调整幅度来看，股价下跌已经基本到位。

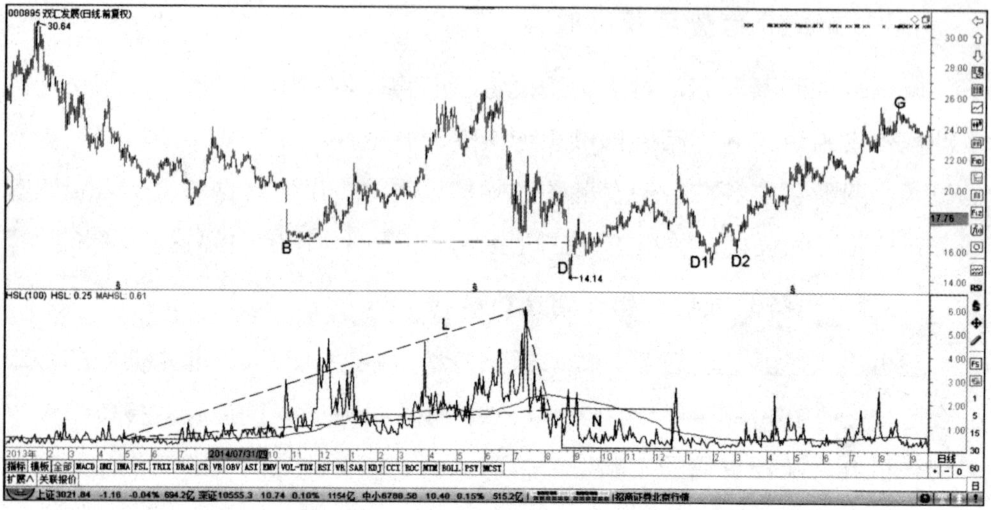

图 4-5 双汇发展日 K 线图

（2）从下跌期间换手率不断提升来看：价格下跌期间换手率指标不断回升，图中 L 段显示的平均换手率从低位的 0.5% 回升到高位的 3%，换手率指标实现了 500% 的涨幅。这表明股票换手率不断提高，低价区多空争夺区域呈现白热化状态。

（3）从低价杀跌提供建仓机会来看：在高换手率的情况下，股价并未出现企稳的迹象，而是在 N 位置的换手率降低以后继续杀跌。股价杀跌到 D、D1 和 D2 位置的收盘价低位以后，该股的低价买点机会出现。从长期趋势看，从 D 位置开始，价格呈现回升趋势，股价飙升到 G 位置，实现了 75% 的涨幅。

总结：熊市阶段，很容易出现收盘价新低。即便是股价已经经过了明显的杀跌走势，低价区的价格下跌依然会出现。从长期交易来看，低价杀跌为投资者提供了非常理想的抄底机会。如果投资者能够看到低价买入带来的建仓机会，低价抄底以后，长期持股可以获得较高的收益。

4.3.2 洗盘低价买点和长期趋势盈利

在主力操盘过程中，可以看到价格上涨前出现了明显的下跌走势，这是主力拉升股价前的洗盘行为。对于高位运行的个股而言，打压洗盘是比较有效的减少拉升阻力的方式。在主力投资者打压股价的过程中，价格跌幅较大，洗盘低价为投资者提供了二次建仓的机会。同时，价格宽幅震荡期间，持股耐心不足的投资者早已经卖掉了股票。当经过多次洗盘以后，随着主力洗盘动作结束，股价重拾回升趋势。

形态特征解读：

（1）股价出现放量杀跌：在股价上涨乏力时，主力投资者开始集中抛售股票，此时股价呈现放量杀跌的走势，这是主力强势洗盘的结果。

（2）低价区价格开始反弹：首次洗盘结束以后，股价下跌空间较大，技术性反弹期间股价会出现可观的涨幅，但是价格还未进入稳定回升阶段。

（3）多次洗盘后股价出现收盘价新高：当主力连续 2 到 3 次洗盘以后，价格宽幅震荡的次数增多，持股投资者不再盲目抛售股票。主力放量拉升股价期间，收盘价达到新高。

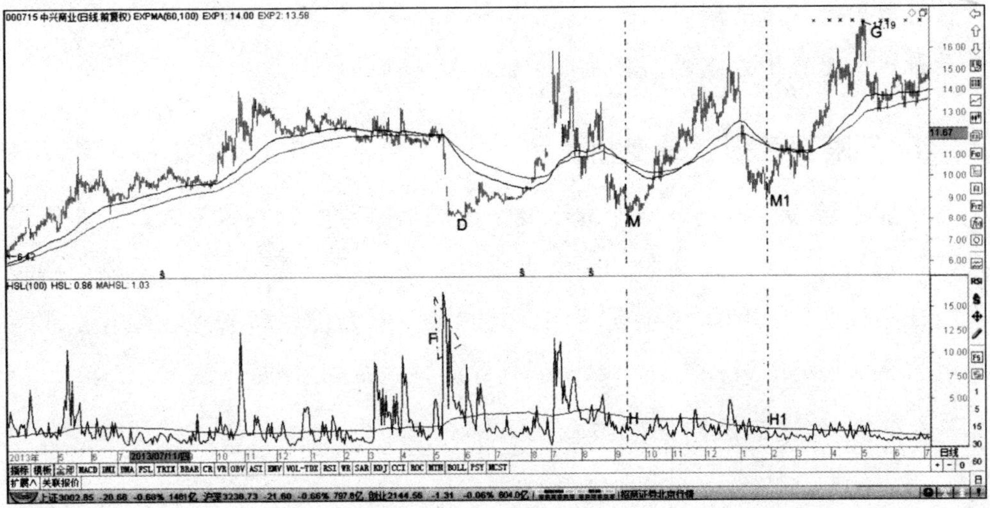

图 4-6　中兴商业日 K 线图

操作要领：

（1）从股价出现放量杀跌走势来看：如图 4-6 所示，图中 F 位置换手率大幅增加到 15% 的时候，股价出现了暴跌走势。股价跌幅较大，使得投资者相信这是一次强力的洗盘动作。

（2）从低价区价格开始反弹来看：洗盘后股价暴跌 -30%，下跌到 D 位置的 8 元上方，反弹走势很快在 D 位置开始。股价从 D 位置开始的反弹期间，价格飙升 80%，上涨到收盘价 14 元以上的高价区。

（3）从多次洗盘后股价出现收盘价新高来看：该股主力洗盘次数不止一次，在接下来的第二次和第三次洗盘期间，股价暴跌到 M 和 M1 位置的价格低点。从抄底机会来看，低价区 M 和 M1 位置，换手率在 H 和 H1 达到低点，提示股价已经下跌到位。从长期趋势看，投资者在洗盘后的低价区抄底该股，股价飙升到 G 位置收盘价新高的时候，盈利空间较大。

总结：主力操盘时间较长，短期价格杀跌并不影响主力投资者长期操盘，更何况股价大幅杀跌期间，正是主力投资者洗盘的时间。洗盘动作完成以后，拉升股价的抛售压力减轻，有助于价格实现更高的涨幅。

4.4 限制亏损就是变相盈利

在熊市阶段，控制成本尤为重要，这是限制亏损的有效手段。当股价进入下跌趋势以后，对于持股的投资者来讲，压力都非常大。恰当地减少持股仓位，不仅可以避免本金出现亏损，同时也可以减小利润的回吐空间。在股价进入下跌趋势的过程中，可以说限制亏损就是变相盈利。

4.4.1 牛市高风险顶部减仓

牛市行情中，如果股价上涨空间已经比较大，股价就会出现顶部形态，此时，投资者可以在价格高位适当减仓。通常来说，等待股价顶部反转以后再卖出股票，遭受的损失会很大。当然，如果投资者没有在股价下跌前减少持股，那么即便股价已经进入下跌趋势，在下跌趋势中采取减仓交易策略也是非常必要的。随着下跌空间的扩大，可以看到下跌趋势中减仓交易还是能大幅降低亏损的。

形态特征解读：

（1）股价实现翻倍涨幅：股价涨幅实现翻倍后，是价格飙升和获利空间加大的时刻。牛市中股价涨幅惊人，相应地，高价区的抛售压力也会增加。

（2）高价区出现背离形态：MACD 指标与股价高位背离，高价抛售股票的时机出现，投资者在出现背离形态期间卖掉股票，可以有效规避利润回吐和亏损风险。

（3）股价出现跳空下跌：一旦股价进入下跌趋势，价格出现跳空回落，这期间的股价走势很快降低，投资者只有采取低价减仓交易策略才能减少损失。

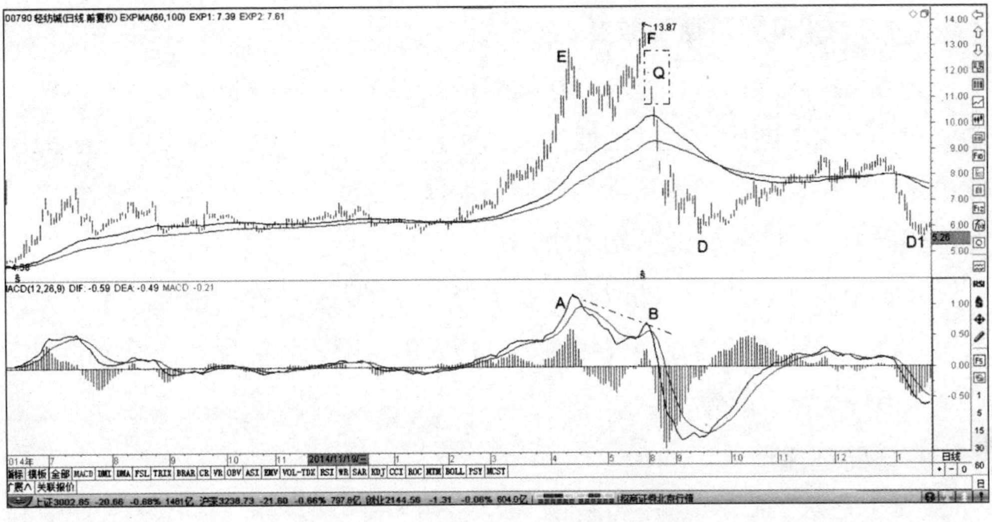

图 4-7　轻纺城日 K 线图

操作要领：

（1）从股价实现翻倍涨幅来看：如图 4-7 所示，股价从 6 元价格平台开始了回升趋势，一直到达 E 位置的 12 元，涨幅高达 100%。尽管如此，该股还是继续飙升到 F 位置的收盘价高位。

（2）从高价区出现背离形态来看：可以看到 MACD 指标的 DIF 线从 A 回调到 B，同期收盘价达到 F 位置高点，背离提示的 F 位置卖点已经出现。

（3）从股价出现跳空下跌来看：背离后股价很快进入下跌状态，在图中 Q 位置出现的跳空一字跌停板，表明该股出现了快速杀跌。在跌停板期间卖掉股票的概率很低，但是在接下来的交易日中，股价开始呈现低开下跌的阴线形态，这表明当时还是存在减仓交易机会的。

总结：牛市行情股价有涨有跌，典型背离提示的高抛交易机会可以视为减仓依据。从降低亏损的角度来看，价格下跌期间减少持股依然能够降低损失。该股下跌到 D 和 D1 位置的底部区域时，跌幅超过 -50%，下跌走势验证了前面的结论。

4.4.2 熊市震荡顶部减仓

当股价进入熊市以后，价格在缩量期间的下跌空间不断扩大，交易机会不断减少。这个时候，能够把握住高抛卖点的投资者，总是可以规避亏损风险的。任何出现在下跌趋势中的反弹，都提供了减仓交易机会，能否将损失降低到最小，是投资者需要考虑的问题。

在寻求反弹高价卖点的时候，投资者会发现，量能萎缩速度决定了股价反弹空间。量能还没有显著萎缩前，价格会出现短线强势反弹，相应的高价卖点更值得投资者把握。

形态特征解读：

（1）股价出现缩量暴跌：价格进入单边回落走势以后，股价在一段时间内出现暴跌走势。这期间，投资者减少持股的机会并不太多。

（2）出现脉冲放量的技术性反弹：一轮单边回落结束以后，股价出现放量反弹走势。价格反弹空间较大，收盘价甚至能够接近下跌前的高点，这是高抛卖掉股票的时机。

（3）缩量下跌期间高抛机会减少：大幅反弹结束以后，成交量明显出现萎缩。随着量能萎缩趋势的延续，股价反弹空间不断受到抑制，更好的高抛卖点基本已经消失。

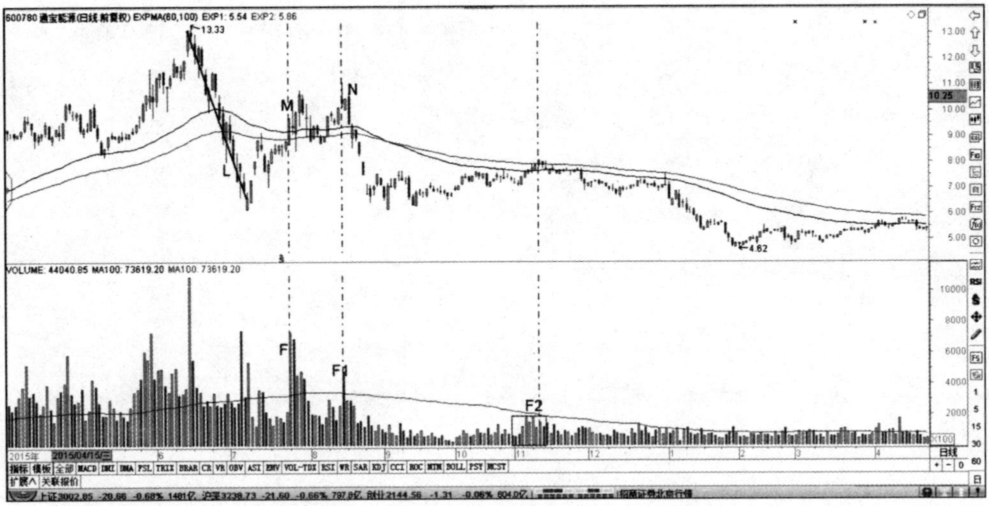

图 4-8　通宝能源日 K 线图

操作要领：

（1）从股价出现缩量暴跌来看：如图 4-8 所示，股价在 L 段的下跌幅度较大，价格从 13 元高位暴跌到 7 元的收盘价低点，跌幅超过 –40%。

（2）从脉冲放量出现技术性反弹来看：前期跌幅虽然较大，但技术性反弹期间收盘价达到 M 和 N 位置的高位，涨幅高达 50%。由于 F 和 F1 位置脉冲放量持续时间很短，减少持股的机会稍纵即逝。持股数量依然庞大的投资者，可以在 M 和 N 位置减少持股。

（3）从缩量期间高抛机会减少来看：随着脉冲放量的结束，股价进入新一轮下跌趋势，F2 位置的量能明显低于 F 位置，使得股价缩量下跌的收盘价明显要低于 L 段股价下跌期间。

总结：针对突如其来的暴跌行情，如果投资者持股数量依然庞大，选择价格高位及时出货，能够将损失降低到最小。熊市期间成交量萎缩持续的时间较长，若不能在合适的价位卖掉股票，损失将成倍增加。

第 5 式

右侧诀：信号出现开始交易

在股票买卖中，投资者总是会根据一些买卖信号来判断交易方向。右侧交易就是在交易信号出现以后开始买卖股票。买点信号通常出现在股票突破压力位后，卖点信号通常出现在股价跌破支撑位后。买点和卖点信号都是股价突破了阻力区和支撑区的交易信号，是股价开始单边运行以后的首个有效交易信号。

本节主要讲解阴线、阳线突破信号，以及行情加速阶段扩大交易规模的应对策略。利用右侧交易策略买卖股票，能够降低错误交易的概率，提高交易的准确性。

5.1 阳线形态突破解读

阳线实体较长，并且伴随着成交量的有效放大，是比较有效的突破形态。特别是在股价处于调整阶段时，放量阳线通常可以顺利突破压力位，推动收盘价格达到更高的价位，此时，投资者可以利用大阳线形态作为判断右侧交易的依据。在大阳线出现以后建仓，可以有效提高收益空间。

5.1.1 光头光脚阳线突破形态

在光头光脚阳线形态中，股票开盘价便是盘中最低价，随着价格震荡走强，收盘价成为盘中的最高价。光头光脚阳线形态完成以后，投资者可以看到价格回升的力度很强，股价轻松突破了上方阻力位，成为股价进一步飙升的信号。

在股价震荡回升期间，典型的光头光脚阳线推动股价突破调整平台，成为股价加速回升的重要起始形态。如果确认了光头光脚阳线的突破信号，那么右侧交易的买点机会就已出现，买入股票便可以获得收益。

形态特征解读：

（1）股价在低价区横向调整：经历暴跌行情以后，股价在低价区横向运行。此时，价格波动空间收窄，等待股价突破。股价突破后，会出现右侧交易信号。

（2）光头光脚大阳线脱离调整区域：光头光脚大阳线突破了上方压力位以后，股价收盘价来到了压力位以上，这不仅是股价加速上涨的信号，也是右侧交易的买入信号。

（3）右侧交易买点得到验证：放量突破的光头光脚大阳线频繁出现，使得低价建仓的交易信号得到验证。随着交易机会增多，投资者的持股数量也相应提升。

操作要领：

（1）从股价在低价区横向盘整来看：如图 5-1 所示，在低位盘整阶段，股价在 20 元以下横盘运行，20 元的位置对股价的阻力比较强。

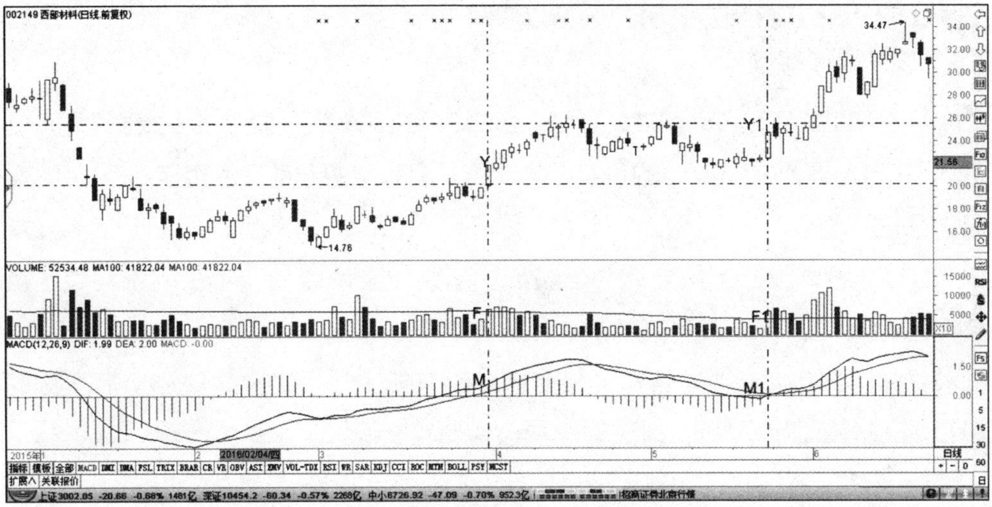

图 5–1　西部材料日 K 线图

（2）从光头光脚大阳线突破压力位来看：M 位置的 DIF 线已经回升到 0 轴线上方，量能在 F 位置显著放大，股价在 Y 位置出现跳空上涨的光头光脚大阳线形态，价格走势表现抢眼，右侧买入的交易信号出现。

（3）从右侧交易买点得到验证来看：图中看到股价见底后的跳空上涨次数达两次，Y 和 Y1 位置都出现了光头光脚阳线，价格表现强势，右侧交易的买点都得到了验证。

总结：在右侧交易法则中，光头光脚大阳线的突破信号值得投资者关注，它既是典型的突破信号，同时也是右侧交易的买点信号。根据光头光脚阳线采取建仓策略，自然可以在价格回升期间盈利。

5.1.2　跳空阳线突破形态

出现跳空阳线形态，表明股价在开盘时就已经走强。股价高开上涨后完成阳线形态，这是突破调整形态的显著信号。价格突破调整形态以后，股价进入放量回升走势中，相应的持股盈利机会得到确认。通常来说，股价跳空上涨期间，右侧交易的买入信号就已经形成。跳空上涨的价格走势较强，对推动股价上涨的促进作用很大。据此买入股票的投资者，多数都会获得收益。

形态特征解读：

（1）DIF线处于0轴线上方：当DIF线回升到0轴线上方以后，股价进入活跃状态。指标推动的价格上涨趋势加强，这期间是投资者确认右侧交易信号的时机。

（2）股价放量跳空上涨：当股价放量跳空上涨以后，价格跳空突破了盘整形态的高位，这是股价开始加速回升的信号。

（3）提示买点交易信号：成交量方面表现出放量走势，成交量放大推动股价加速走强，相应地，追涨交易机会也得到确认。

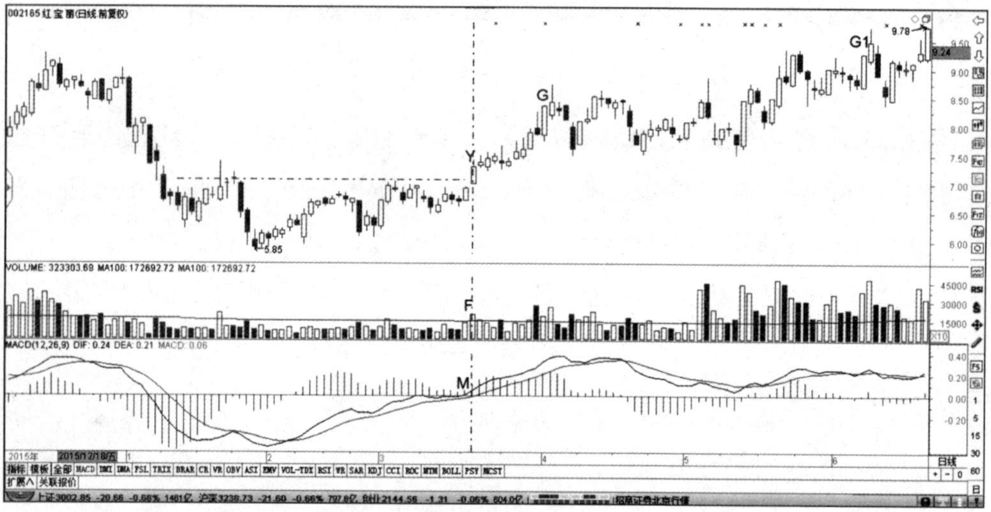

图5-2 红宝丽日K线图

操作要领：

（1）从DIF线进入0轴线上方来看：如图5-2所示，DIF线在M位置回升到0轴线上方，表明股价上行趋势得到加强，同时买入交易机会也得到确认。

（2）从股价放量跳空上涨来看：F 位置的量能有效放大，成交量达到 100 日等量线上方。这次放量足够大，价格表现出跳空上涨的形态。跳空回升的阳线出现在调整结束期间，买点也在这个价位得到验证。

（3）从提示买点信号来看：Y 位置股价跳空上涨，促使股价实现突破。从右侧交易法则来看，该股发出了跳空突破信号，这是典型的右侧交易信号。在突破阶段建仓，就抓住了盈利的起始点位。股价飙升到 G 和 G1 位置的时候，盈利可达 30%。

总结：跳空阳线形态有效突破了盘整形态的价格高位，没有比跳空更强势的价格走势了。跳空期间量能同步放大，股价上涨趋势得到验证。右侧交易注重价格突破信号，而跳空阳线正是投资者买入股票的突破交易信号。

5.2　阴线形态跌破解读

阴线实体较长，并且伴随着成交量萎缩，是比较有效的跌破形态。特别是在股价处于牛市顶部时，缩量阴线通常可以轻松跌破支撑价位，致使收盘价格达到更低价，此时，投资者可以利用大阴线形态作为判断右侧交易的依据。出现大阴线以后减少持股，可以有效规避股价下跌的风险。

5.2.1　光头光脚阴线跌破形态

在光头光脚的阴线形态中，股票开盘价便是盘中最高价，随着股票价格持续震荡回落，收盘价成为盘中的最低价。光头光脚阴线形态完成以后，可以看到价格下跌的趋势很强，股价很快就突破了支撑价位，成为股价进一步下跌的信号。

在股价震荡回落期间，典型的光头光脚阴线加速推动股价跌破调整平台，成为股价加速下跌的重要起始点。如果确认了光头光脚阴线的突破信号，那么右侧交易的卖点信号就会被激发，此时卖出股票尚可以保住大部分收益。

形态特征解读：

（1）股价在高价区弱势调整：股票经历暴涨行情以后，股价在高价区弱势调整，此时，价格向上盘升的空间收窄。之后股价拐头向下，跌破支撑价位，相应地，右侧出现交易信号。

（2）光头光脚大阴线跌破高位平台：当光头光脚大阴线跌破了调整平台以后，可以看到股价收盘价处在调整平台以下，这是股价加速下跌的信号，同时也是右侧交易卖出股票的信号。

（3）右侧交易卖点得到验证：放量跌破的光头光脚大阴线频繁出现，使得高价减仓交易机会得到验证。随着交易机会增多，投资者的持股数量也相应减少。

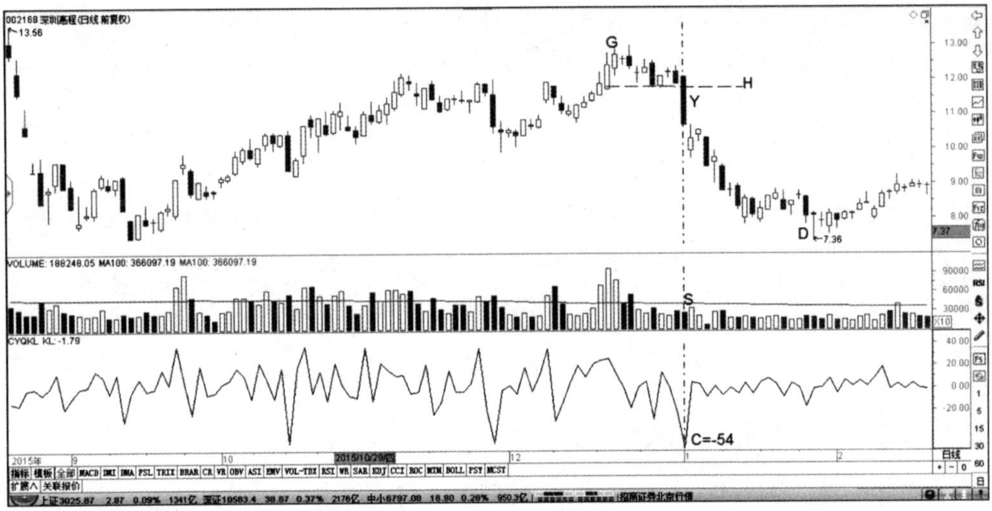

图 5-3　深圳惠程日 K 线图

操作要领：

（1）从股价在高价区弱势盘整来看：如图 5-3 所示，股价在 G 位置见顶以后，盘整了一段时间，该股就跌破了 H 位置的价格平台。

（2）从光头光脚大阴线跌破高位平台来看：股价在 Y 位置深度下跌，大阴线实体很长，完全是一根跌破了 H 位置平台的突破 K 线形态。

（3）从右侧交易卖点得到验证来看：股价进入下跌趋势以后，S 位置量能萎缩，而 CYQKL 指标（博弈 K 线长度指标）数值高达 54，表明价格向下跌破的筹码规模庞大，这是一次有效的突破形态。当价格杀跌到 D 位置的时候，跌幅超过 –30%，显示下跌幅度较大。

总结：通常来说，在 CYQKL 数值超过 50 的情况下，股价突破力度加大。作为右侧交易者，可以据此判断减仓交易机会，此时卖掉股票可以规避下跌风险。

5.2.2　跳空阴线突破形态

跳空阴线形态，股价在开盘时就已经出现跳空下跌。跳空下跌后完成阴线形态，这是突破盘整形态的显著信号。价格跌破盘整形态以后，股价进入缩量下跌趋势中，减仓交易信号也得到确认。通常来说，股价跳空下跌期间，右侧交易的卖出信号就已经出现。跳空下跌的价格走势较强，对推动股价下跌的帮助很大。据此卖掉股票的投资者，多数会显著降低损失。

形态特征解读：

（1）DIF 线进入下跌趋势：当 DIF 线进入下跌趋势以后，可以看到股价进入弱势调整状态。指标推动的价格下跌趋势加强，这期间是投资者确认右侧交易信号的时机。

（2）股价缩量跳空下跌：当股价缩量跳空下跌以后，价格跳空跌破了盘整形态，这是股价开始加速下跌的信号。

（3）股价下跌提示卖点信息：成交量方面出现缩量信号，量能萎缩促使股价加速回调，相应地，减少亏损的卖点机会也得到确认。

操作要领：

（1）从 DIF 线进入下跌趋势来看：如图 5–4 所示，DIF 线从图中 M 位置已经开始回落。指标回调期间，M1 位置指标数值为 –0.12，表明已经跌破 0 轴线，意味着下跌趋势得到延续。

（2）从股价缩量跳空下跌来看：股价在 Y 位置缩量跌破了价格高位 G 位置的盘整平台，跳空大阴线形态成为股价下跌的起始信号。当 G1 位置的价格平台被 Y1 位置的大阴线跳空跌破以后，股价下跌趋势进一步得到确认。

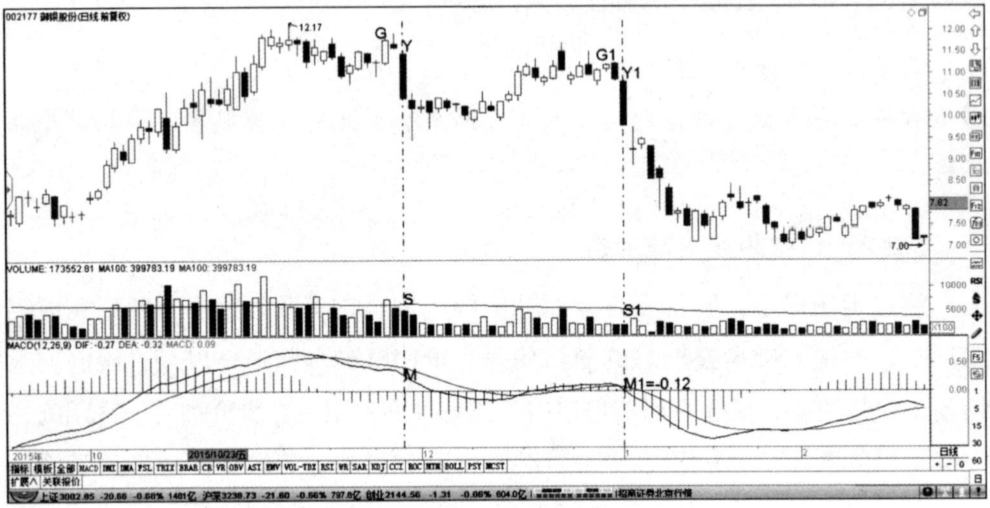

图 5-4　御银股份日 K 线图

（3）从股价下跌提示卖点信号来看：当图中 S 和 S1 位置的量能进一步萎缩时，跳空下跌阴线已经成为右侧交易的卖点信号。大阴线一次性跌破了高位盘整形态，使得股价从 G1 位置的 11 元下跌到 7 元低点，跌幅高达 -36%。

总结：在成交量已经萎缩的前提下，跳空大阴线跌破盘整形态，接下来股价大幅下跌的概率很高。如果投资者要回避价格下跌带来的风险，必须在股价进一步下跌前卖掉股票。从右侧交易策略来看，跳空下跌的大阴线是价格开始快速杀跌的卖点信号。

5.3　追涨杀跌是典型的右侧交易

对于右侧交易者而言，在价格上涨期间买入股票，在价格下跌期间卖出股票，是获得投资收益的关键。如果投资者在股价上涨的过程中买入股票，那么可以在价格持续上涨的时候获取收益。如果在股价下跌阶段卖掉股票，那么可以避免股价持续下跌遭受的损失。随着行情的发展，追涨和杀跌成为右侧交易者的重要交易形式。

5.3.1　突破回调追涨交易

当股价进入回升趋势以后，价格短期上涨空间较大，回调以后价格会进一步上涨。此时，非常典型的追涨机会将会出现，投资者可以在价格冲高回落期间买入股票。作为右侧交易者，当价格突破调整形态后，上方的阻力消失，投资者可以在股价回调的时候把握低价买点。

在实战当中，可以看到股价突破压力位的量能较大，股价突破力度很强，表明主力动用资金量较大，大量筹码向高位转移。此时即便股价短线回调，但是考虑到主力投资者短线建仓成本很高，股价还是会企稳上涨。在价格回调时买入股票，是盈利概率很高的右侧交易策略。

形态特征解读：

（1）股价放量突破阻力区：在成交量有效放大期间，价格短线强势回升，收盘价格达到阻力位上方，提示股价走强。

（2）DIF 线达到新高点位：MACD 指标的 DIF 线达到新高价位，这是均线方面的强势表现形态，说明股价走势较强，突破有效。

（3）量能萎缩提示回调充分：成交量短时间内出现缩量，这是股价放量上涨后价格回调的信号。随着量能开始萎缩，可以看到股价出现短期调整，缩量低价的买点得到确认。

操作要领：

（1）从股价放量突破阻力区来看：如图 5–5 所示，图中显示 F 位置量能加速放大，使得股价在 T 位置向上突破，并且在 G1 位置达到收盘价新高。可见，股价已经在 T 位置突破了 G 位置对应的前高价格阻力位。

（2）从 DIF 线达到新高点位来看：图中显示 DIF 线达到 M 位置，并且在股价回升期间达到新高位置 M1，股价表现显然非常强势。指标创新高表明价格方面表现抢眼，该股突破力度较大。此时，投资者可以确认右侧交易的买点。

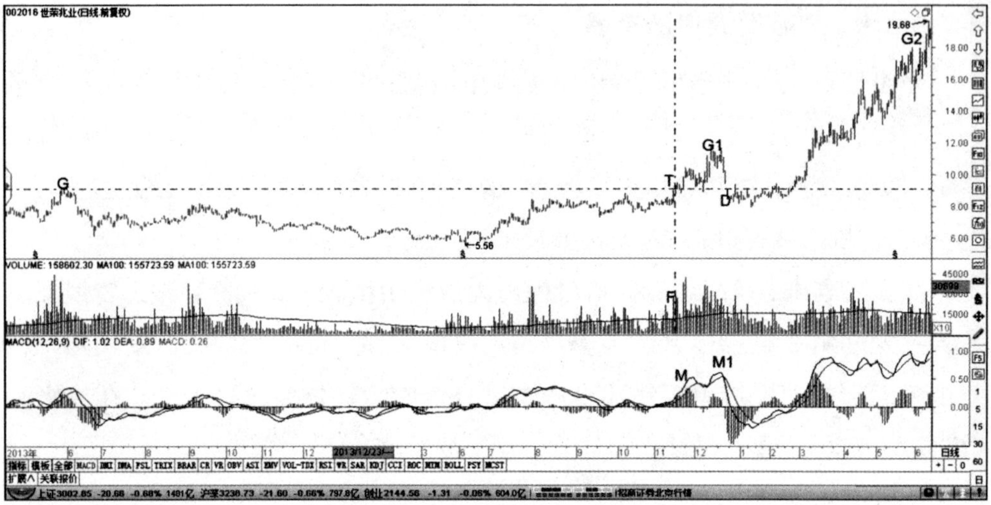

图 5–5　世荣兆业日 K 线图

（3）从量能萎缩提示回调充分来看：股价回调到 D 位置，成交量显著低于 100 日等量线，表明缩量状态下抛售压力较小，该股已经调整到位。作为追涨期间的买点信号，股价冲高回落为投资者提供了右侧交易的买入机会。

总结：在价格方面，放量突破形态为股价打开了上涨空间，突然出现的放量拉升只是主力投资者拉升股价的预演。主力投资者短时间内大量买入股票，使得股价回调期间的买点更加可靠。右侧交易者可以在股价回调时买入股票，从而增加盈利空间。

5.3.2　跌破反弹减仓交易

股价进入下跌趋势后，当价格跌破盘整平台时，可以看到股价继续回落的空间收窄，技术性反弹即将出现。作为右侧交易者，如果想在股价跌破平台以后卖掉股票，那么价格下跌后的回抽期间就是较好的卖点。股价回抽支撑线，但是不会突破支撑线，投资者可以在股价收盘价接近支撑线时减少持股，以便在熊市当中降低持股风险。

形态特征解读：

（1）股价跌破短线低价支撑位：股价跌破前期价格低点，表明跌破了支撑价位，这是股价开始加速下跌的信号。

（2）股价出现缩量回抽动作：当价格到达支撑位下方时，出现技术性反弹，股价回升到价格支撑位附近时，使得投资者抛售股票的交易机会形成。

（3）进一步反弹出现卖点：价格回落以后，除了首次反弹的卖点机会以外，股价继续回落后，依然会在反弹期间遭遇相同的压力位。当价格再次反弹时，减仓交易机会依然存在。

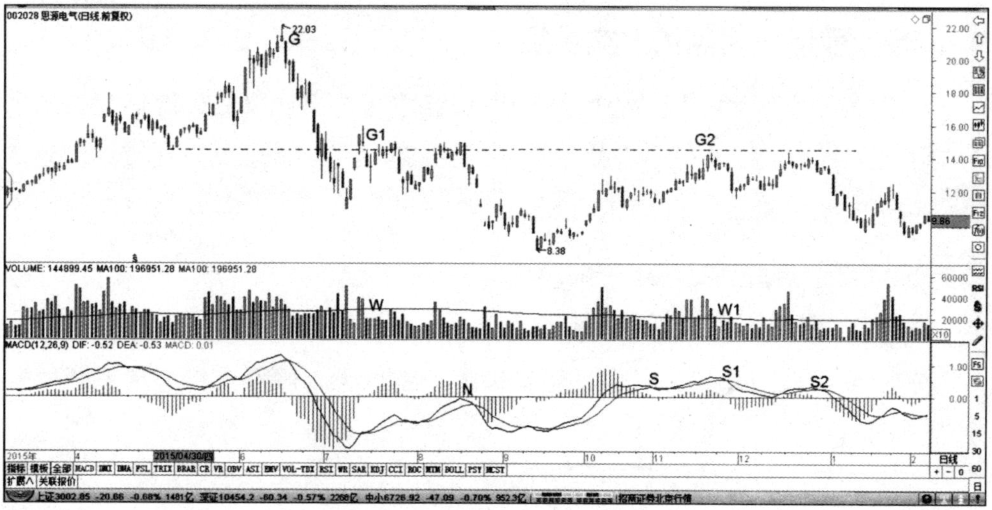

图 5-6　思源电气日 K 线图

操作要领：

（1）从股价跌破短期支撑价位来看：如图 5-6 所示，可以看到在单边下跌期间，股价跌破了前期支撑价位，可见该股的下跌趋势已经出现。

（2）从股价出现缩量回抽动作来看：股价进入下跌趋势以后，很快回抽到支撑价位，到达图中 G1 对应的位置。同时 W 位置的量能明显萎缩并且低于 100 日等量线，这是股价回抽乏力的信号，同时也是把握高抛交易机会的时刻。

（3）从进一步反弹出现卖点来看：股价大幅杀跌以后，价格强势反弹到图中 G2 位置对应的价格高位，量能在 W1 位置继续萎缩。MACD 指标的 DIF 线反弹到 0 轴线上方期间，S、S1、S2 都出现了死叉卖点信号，高抛卖点再次出现。作为右侧交易者，要抓住股价反弹期间卖掉股票的有利时机。

总结：在下跌趋势中，减仓交易机会出现在价格跌破支撑价位以后。作为右侧交易者，确认股价跌破支撑价位的卖点尤为重要。股价杀跌以后，技术性的价格回抽提供了高抛卖点，这样的卖点对于持股数量较大的投资者来讲，依然具有很高的减仓价值。

5.4 行情加速段扩大交易规模

作为右侧交易者，投资者会发现当趋势性行情出现以后，价格突破的那一刻不容忽视。当行情进一步发酵时，价格加速运行期间依然存在交易机会，只是对于投资者来讲，行情加速段的买卖时机稍纵即逝，需要投资者做好快速应对的准备。

5.4.1 缩量回调可加仓交易

在股价进入回升趋势以后，随着量能不断放大，股价上行趋势不断得到加强。此时，可以看到股价表现非常强势，缩量回调是非常难得的建仓交易机会。当然，这种建仓交易的价位相对较高，对于右侧交易者而言，在价格高位追涨买入股票，只要有利可图，就值得去做。随着股价加速上涨，高价区股价跳空上涨的情况更有可能出现。在量能萎缩期间，价格波动收窄，更好的低价买入股票的机会将出现。

形态特征解读：

（1）DIF 线到达 0 轴线上方：在价格回升期间，MACD 指标的 DIF 线会到达 0 轴线上方，这是推动价格上涨的信号。

（2）股价放量上行：DIF 线回升以后，股价放量上行，价格上涨趋势得到确认。此时，右侧交易的买点就出现在股价缩量调整的时刻。

（3）缩量调整的买点出现：如果量能出现萎缩并低于 100 日等量线，可以看作是低价买入股票的时机。在价格回升阶段，量能萎缩限制了股价涨幅，低吸买入股票的机会得到确认。

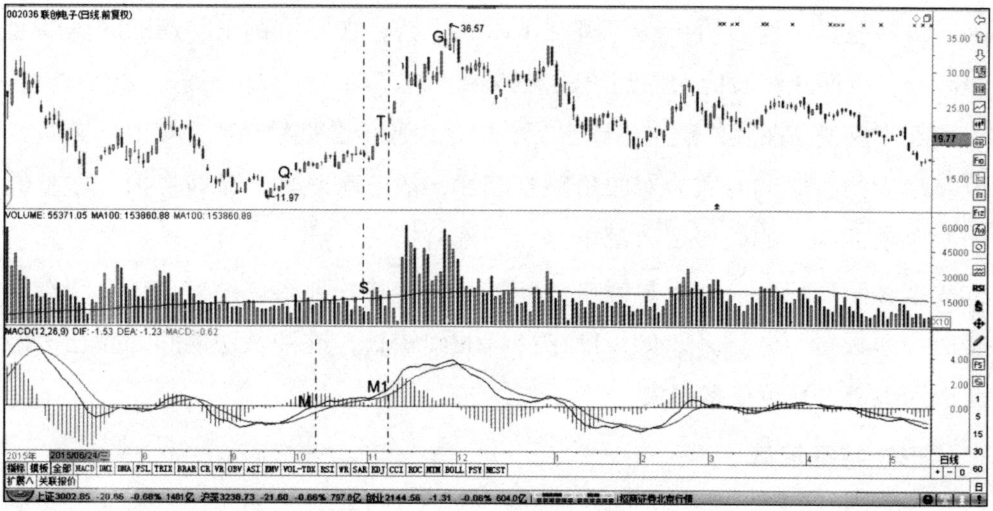

图 5–7　联创电子日 K 线图

操作要领：

（1）从 DIF 线到达 0 轴线上方来看：如图 5–7 所示，从 M 位置开始，DIF 线回升到 0 轴线上方，表明均线方面的发散趋势已经形成，该股明显看涨。

（2）从股价放量上行来看：股价在 Q 位置跳空回升，可见强势运行的该股呈现进一步上涨的趋势，交易机会已经得到确认。

（3）从出现缩量调整的买点来看：当图中 S 位置的量能出现萎缩以后，股价短线回调买点出现。作为右侧交易的追涨时机，类似的买点也出现在 M1 位置。

总结：作为右侧交易者，在股价加速回升以后，投资者依然可以追涨买入股票。虽然这时价格在高位运行，但是上涨潜力依然较大。在股价出现顶部形态前，缩量低吸的交易机会依然存在。虽然是低吸，却是高价区股价调整期间的追涨机会，这是右侧交易者的机会。

5.4.2 跳空回落继续减仓

作为右侧交易者，在应对价格下跌趋势的时候，可以在股价加速回落期间减少持股。如果股价出现了跳空下跌的走势，在股价跳空回落的时候要尽量减仓，以便应对股价大幅回落的走势。

通常来说，在股价跳空下跌以后，接下来股价会继续杀跌。短时间来看，以及早卖掉股票的方式应对股价跳空阴线，依然可以大大减轻亏损。在股价历次杀跌期间，如果投资者都能减少一部分持股，那么股价下跌到位以后，损失能够明显降低。如果是熊市行情的杀跌走势，那么这种减仓交易动作涉及的股票数量可能更多。如果熊市持续时间较长，这种杀跌期间的减仓策略可以为投资者减少很多损失。

形态特征解读：

（1）股价进入熊市出现跳空回落：股价进入熊市以后，出现跳空回落的缺口形态。这个时候股价加速回落，右侧交易者可以加速出货。

（2）DIF 线跌破 0 轴线：如果 MACD 指标的 DIF 线已经跌破 0 轴线，股价下跌趋势在指标上得到体现，高抛卖点则可得到确认。

（3）股价跳空回落提供卖点：在 DIF 线低于 0 轴线的情况下，当股价出现下跌缺口时，依然会出现卖点。只是低价区卖点价格更低，投资者卖掉股票遭受的损失会更大。

操作要领：

（1）从股价进入熊市出现跳空回落来看：如图 5–8 所示，股价在牛市中飙升了 200% 以上，出现见顶回落，并且在 Q 位置出现跳空下跌缺口，表明股价已经在加速下跌。

（2）从 DIF 线跌破 0 轴线来看：当 DIF 线在 H 位置高位回调以后，能看到指标回调速度很快，使得 Q 位置的缺口形态成为高抛卖点。

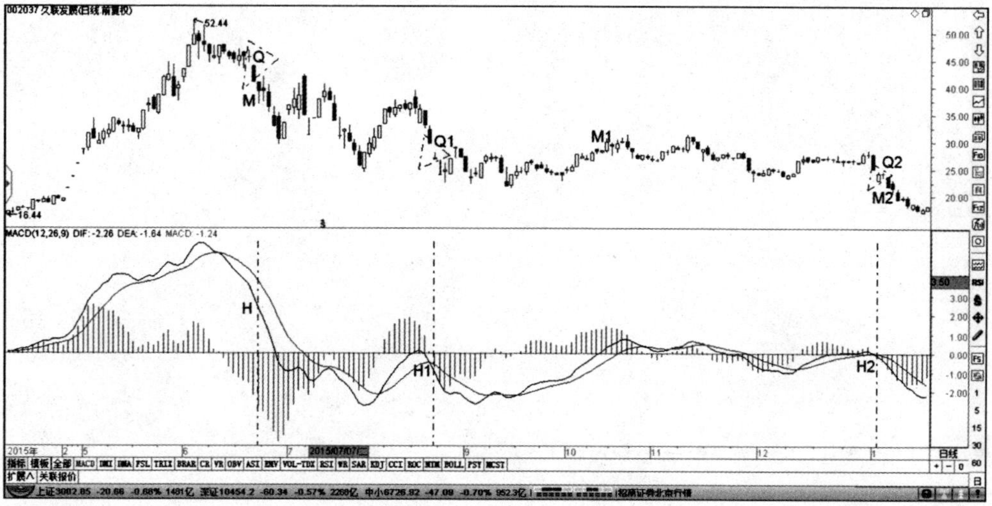

图 5-8　久联发展日 K 线图

（3）从股价跳空回落提供卖点来看：在股价进入下跌趋势后，DIF 线在 H1 位置反弹到 0 轴线压力位，表明此时依然是卖出时机。特别是在 Q1 位置再次形成缺口以后，右侧交易者可以加速卖出股票。当 Q2 位置又一次出现缺口形态时，类似的 M2 位置卖点依然有效。

总结：股价在高位见顶以后，下跌期间的缺口形态成为投资者加速出货的信号。缺口形态出现在下跌趋势中，大量持股的投资者都将成为右侧交易者，选择在价格杀跌的过程中减少持股数量，相应地可以明显降低持股风险。

第6式

左侧诀：预判行情开始交易

在股票买卖中，如果投资者并不是根据买卖信号来判断交易的方向，而是通过历史价格表现来预测股价走向，这样的交易策略被称为左侧交易。左侧交易就是在交易信号还未出现的时候开始买卖股票，利用价格运行趋势信息判断股价走势，确认股票的买卖方向。在左侧交易中，掌握股价趋势信息和重要的支撑价位、阻力价位是非常重要的，因为这是成功预测价格走向和买卖股票的前提条件。

本节主要讲解预判行情走向的趋势线和成交量检验方法、支撑位和压力位判断价格折返的方法以及在左侧交易中的资金管理技巧。

6.1 预判行情发展方向

预判行情发展，是投资者采取交易行为的先决条件。如果行情是向上的，买入股票无疑能够获得丰厚的利润。预判价格运行方向，也为左侧交易策略提供了帮助。因为首先要判断股价运行趋势，在趋势出现以前采取行动，只有这样，才能够获得较好的投资效果。特别是在回升趋势中，在预判价格上涨时大量买入股票，可以在今后的某段时间大幅盈利。

6.1.1 趋势线预判价格趋势

趋势线的走向最能够反映价格运行趋势，提示投资者交易机会。如果利用趋势线判断价格运行趋势将转为向上，这个时候买入股票，就可以获得预期的投资收益。在价格回升趋势中，趋势线体现的价格上行趋势很强。同时，MACD 指标背离回升信号也能提示投资者价格强势，回升趋势可以延续下来。低价区的背离信号提示的买点不容忽视，这是投资者把握左侧交易机会的有效时机。

形态特征解读：

（1）下跌趋势中一跌再跌：当股价处于下跌趋势时，收盘价格不断达到新低点。此时反弹走势出现的次数增加，但是并不能阻挡股价震荡回落的趋势。

（2）MACD 指标背离提示买点：当 MACD 指标出现低位背离后，能够看到 DIF 线与股价底背离的买点信号出现，这可以视为左侧交易的典型信号。

（3）回升趋势线确认左侧交易信号：在价格触底回升后，从趋势线来判断价格上行趋势，投资者可以确认价格大幅上涨前的买点。

操作要领：

（1）从下跌趋势中一跌再跌来看：如图 6–1 所示，股价在 36 元附近见顶回落，价格经历几个波动的反弹后，到达了 D 位置 21 元的低价区。股价

下跌幅度达 –41%，回调幅度已经较大。

（2）从 MACD 指标背离提示买点来看：在股价震荡走低期间，收盘价不断达到新低价位，但是图中显示的 DIF 线数值却已经开始回升。DIF 线从 M 回升到 M1 和 M2 位置，提示背离买点出现。当 DIF 线突破 0 轴线以后，D2 位置的买点得到确认。

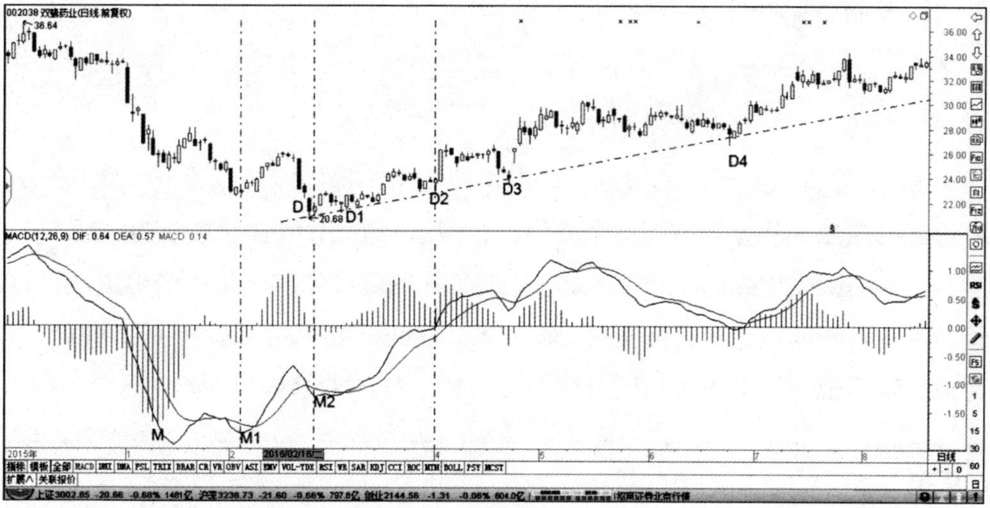

图 6–1　双鹭药业日 K 线图

（3）从回升趋势线确认左侧交易信号来看：背离期间 D 位置的买点已经得到确认。当股价继续出现 D2 和 D3 位置的低价反弹起始点以后，回升趋势线已经可以画出来了。沿着回升趋势线，可以看到股价在 D4 位置的左侧交易信号。

总结：回升趋势线画出来以后，价格回升趋势就已经得到确认。实战当中，左侧交易策略关注的趋势交易信号也就得到了验证。在预判价格趋势的前提下，投资者长期持有股票可以获得大幅盈利。

6.1.2　成交量检验价格运行方向

成交量放大是推动股价上涨的关键因素，如果量能稳定回升，那么股价上行趋势可以得到加强。当价格处于低价区时，上升趋势线画出来后，相应地，如果量能也明显回升，那么股价上涨趋势就已经确认了。

在连续放量期间，股价上涨趋势会不断加强。在一张静态的 K 线图中，可以看到股价回升期间倾斜角度越来越大，价格上涨速度也更快，持股投资者在此时间段内的盈利也很可观。

形态特征解读：

（1）股价放量触底：价格进入下跌趋势以后，当股价到达低价区时，成交量集中放大，这是抛售压力充分释放的信号。

（2）低价区出现连续放量：当抛售压力集中释放以后，股价触底回升。低价区的放量回升走势持续多个交易日，提示股价已经进入触底回升阶段。

（3）出现放量推动的价格上涨：低价区的脉冲量能值得投资者关注，这种脉冲量能瞬间放大，资金流入规模惊人。在低价区脉冲天量频繁出现以后，可以确认股价已经进入稳定回升阶段，价格上行的大趋势得到验证。

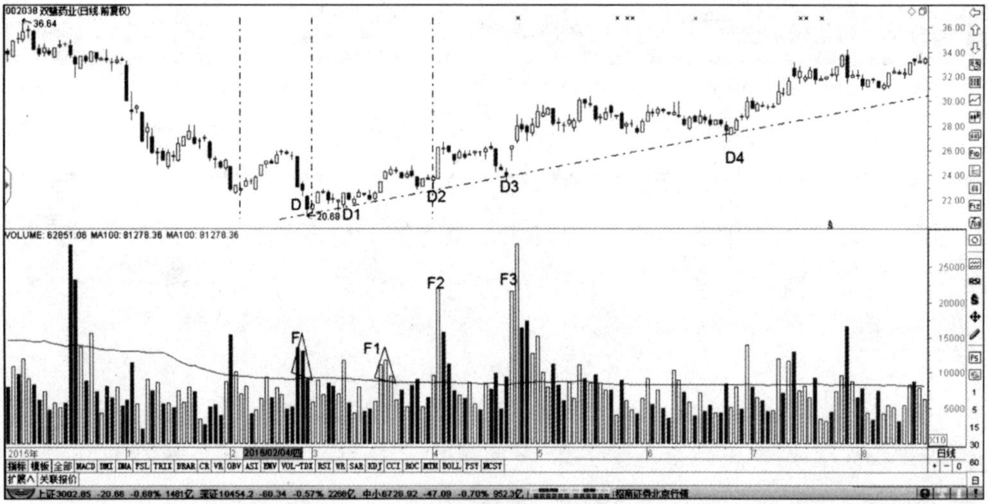

图 6-2　双鹭药业日 K 线图

操作要领：

（1）从股价放量触底来看：如图 6-2 所示，图中 F 位置成交量放大集中出现在 3 个交易日，此时股价出现加速探底走势，在 D 位置探出一个价格低点。可以说，此时放量触底既是场内投资者抛售结束的信号，也是场外投资者买入股票的信号。

（2）从低价区出现连续放量来看：股价在 D 位置开始连续回升，同时 F1 位置的量能持续放大 5 个交易日，该股走势表现抢眼，可以认为这是股价在低价企稳的信号。

（3）从出现放量推动的价格上涨走势来看：F2 和 F3 位置出现脉冲放量，量能较大，是 5 个月以来最大的量能状态，显然主力投资者已经在低价区介入，回升趋势得到确认。

总结：成交量推动的价格回升趋势更容易得到确认，特别是低价区连续出现量能放大后，表明主力介入明显。脉冲量能瞬间放大的效率很高，只有资金实力强大的主力才可能制造出巨大量能。量能放大与价格回升趋势得到验证，左侧交易机会得到确认。

6.2　潜在回升的支撑位增持策略

低价区的买入机会，是左侧交易者需要关注的建仓价位。低价位本身已经存在价格反弹的需要，投资者可以按照历史反弹指数可能再次实现的预期价格表现买入股票。低价位的买点可以在价格杀跌期间出现，当然，在回升趋势中，价格回调期间同样也是低价区买点。

6.2.1　历史低价的支撑位增持

在股价显著回调期间，技术性反弹的低价区是重要的支撑价位。如果股价反弹结束后回调到低价支撑位，可以视为左侧交易的买点信号。实战当中，这种低价支撑位是回升趋势中出现大幅杀跌后出现的，可以认为这是抄底买入股票的价位，投资者可以在这样的价位买入股票，进而提升盈利空间。

形态特征解读：

（1）股价出现暴跌走势：股价出现暴跌走势以后，价格跌幅接近 –50%，此时股价出现技术性反弹走势。低价区的反弹价位是比较典型的支撑价位。

（2）低点再次出现缩量反弹：股价二次回调期间，技术性反弹出现在低价区。量能相对首次反弹明显萎缩，表明股价反弹空间受到抑制。

（3）地量底提示左侧交易买点：当成交量达到地量状态以后，低价位的股价下跌潜力已经很小。在无量下跌的情况下，地量底部提示股价在历史低位获得支撑，左侧交易信号得到确认。

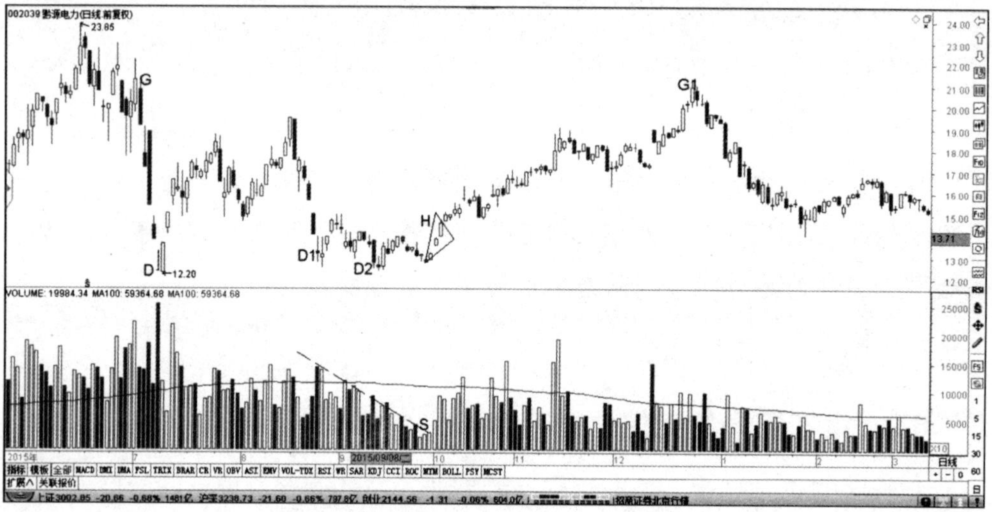

图 6–3 黔源电力日 K 线图

操作要领：

（1）从股价出现暴跌走势来看：如图 6–3 所示，可以看到股价从 G 位置开始加速下跌，经历 5 个跌停板以后，该股跌幅超过 –50%。下跌结束以后，D 位置的低价区出现技术性反弹走势。

（2）从低点再次出现缩量反弹来看：技术性反弹结束以后，股价再次杀跌到 D1 位置和 D2 位置的低价位。回落结束后，股价反弹空间有限。从成交量来看，量能相比股价下跌到 D 位置的时候明显萎缩。

（3）从地量底提示左侧交易买点来看：股价两次暴跌以后，成交量持续萎缩到 S 位置的地量状态。地量量能提示股价下跌动能消失，左侧交易者可以在 D2 位置买入股票。该股在 H 位置出现红三兵形态，当价格飙升到 G1 位置时，涨幅高达 60%。

总结：经过验证的股价杀跌期间的反弹价位，可以是股价二次走强的起始点。结合量能萎缩和股价触底形态，投资者可以确认反弹价位是左侧交易的买点信号。

6.2.2　回升趋势线支撑位增持

价格从低价区企稳回升以后，只要股价上行趋势没有结束，投资者就可以在股价回调到趋势线附近时买入股票。在价格上涨的过程中，回升趋势线提供的支撑较强，在股价出现的历次调整中，都会有不错的建仓机会出现。在股价涨幅还不大的时候，回升趋势线对应的价位成为左侧交易者的建仓价位。

形态特征解读：

（1）低价位出现背离形态：股价进入下跌趋势以后，价格下跌趋势很强，通常只有在背离提示的买点出现以后，价格才有可能触底回升。

（2）股价进入回升趋势：当股价进入回升趋势以后，背离提示的买点得到验证，价格进入回升趋势。趋势线对于价格上涨的意义很大，是股价进一步上行的支撑价位线。

（3）价格回调趋势线提供买点：当价格上涨时，回升趋势线得以延续。当收盘价格回调到趋势线以后，表明左侧交易的买点出现。

操作要领：

（1）从低价位出现背离形态来看：如图 6–4 所示，股价在下跌趋势中跌幅较大，但 MACD 指标的 DIF 线却从 E 回升到 F，与股价下跌到 D 位置形成背离。低价区 D 位置对应的价位出现反弹走势，这是股价企稳的信号。

图 6-4　宁波华翔日 K 线图

（2）从股价进入回升趋势来看：当股价进入回升趋势时，连接 D 和 D1 以后，该股的回升趋势线就画出来了。

（3）从价格回调到趋势线附近提供买点来看：沿着回升趋势线的方向，股价上行趋势不断加强。其中 D2 位置股价回调力度较大，在预期该股继续上涨的情况下，D2 位置可以看作左侧交易的买点信号。

总结：作为回升趋势中的价格调整，虽然收盘价到了回升趋势线附近，但是在预期股价上涨没有结束的情况下，把握好回升趋势线附近的买点依然非常重要。

6.3　潜在压力位的减仓策略

在股价回升期间，判断股价见顶回落的价位时，历史上股价见顶的价位可以作为参考。如果股价反弹到历史顶部股价，价格上涨期间还会遇到类似的抛售压力。左侧交易前，如果判断压力位的抛盘比较多，那么股价还会出现下跌的情况。价格回升期间，历史高位就是潜在的压力价位。价格下跌趋势中，股价反弹到前期高位同样是压力价位。

6.3.1　历史高位的减仓策略

股价飙升到历史高位以后，抛售压力很快就会出现。如果股价在历史高位出现大幅下跌的走势，价格跌幅将会很大。即使股价下跌趋缓，股价反弹期间还是会在相似的前高价格遇阻。如前期股价是以 V 形反转走势飙升到历史高位的，那么抛售压力将更大，股价出现下跌的概率很高。

形态特征解读：

（1）股价出现一字涨停顶部：当出现一字涨停板时，价格回升。在打开涨停板以后，出现天量顶部形态，这是股价即将见顶的信号。

（2）股价杀跌后强势反弹：股价在天量顶部见顶以后，经过明显的回调后，价格出现技术性反弹走势。

（3）缩量顶部提示左侧交易卖点：从收盘价格看，股价达到历史高位的价格区域。但是在反弹期间，成交量明显呈现萎缩形态，这是价格已经显著上涨的重要信号。如果股价无法缩量突破历史高价，那么卖点可以得到确认。

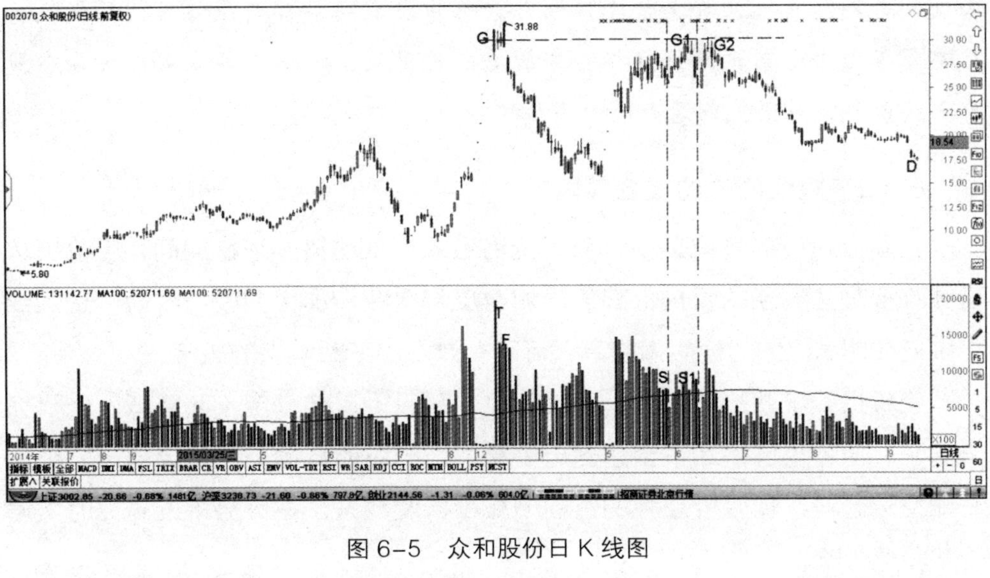

图 6–5　众和股份日 K 线图

操作要领：

（1）从股价出现一字涨停顶部来看：如图 6–5 所示，在价格飙升的过程中，该股曾经出现了 6 个一字涨停板，股价短期涨幅高达 200%。到达 G 位置的价格高位时，一字涨停板打开，T 位置的量能达到历史天量。随后成交量在 F 位置萎缩，股价在 G 位置出现天量顶部。

（2）从股价杀跌后强势反弹来看：股价从 G 位置的高价区暴跌 –50% 后企稳，企稳回升期间再次出现一字涨停板，随后股价飙升到 G1 位置的价格高位。

（3）从缩量顶部提示左侧交易卖点来看：从量能来看，图中 S 和 S1 都提示成交量萎缩，表明 G1 和 G2 位置股价虽然接近历史高位，却不可能有效突破历史高位。作为左侧交易者，在股价接近 G 位置对应的压力位期间卖掉股票，可以规避股价回落的风险。

总结：经过验证的历史高位，抛售压力将会很大，如果量能无法在股价二次回升期间放大，那么毫无疑问，股价将没有突破前高压力位的可能性。从交易方向来看，预期价格将会在历史高位见顶，左侧交易者可以考虑在股价下跌前卖掉股票，以规避股价下跌风险。

6.3.2 短线高位的减仓策略

当股价在历史高位见顶以后，价格进入下跌趋势。下跌期间，股价历次反弹都很难达到新的收盘价高位。随着反弹次数增加，在股价收盘价达到或者接近前期高位的时候卖掉股票，可以有效规避下跌带来的风险。

股价进入下跌趋势以后，可以预见的是股价反弹高度不断降低。价格强势回升，但收盘价格却不会达到历史高位，相应的高抛交易机会得到验证。左侧交易者可以在股价反弹的过程中减少持股数量，在价格接近高位时卖掉全部股票避险。

形态特征解读：

（1）股价跌幅扩大，进入熊市：当股价跌幅扩大以后，牛市中价格下

跌 –50%，通常认为已经进入熊市阶段。

（2）放量反弹，股价涨幅有限：量能有效放大的时间较短，使得股价虽然呈现强势反弹走势，但是并不会达到历史高位，而是在到达历史高位之前即见顶回落。

（3）低价区顶部相继形成：在股价震荡运行期间，反弹高度不断降低，而类似的技术性反弹只能接近前期高位收盘价，却不能达到这一价位。

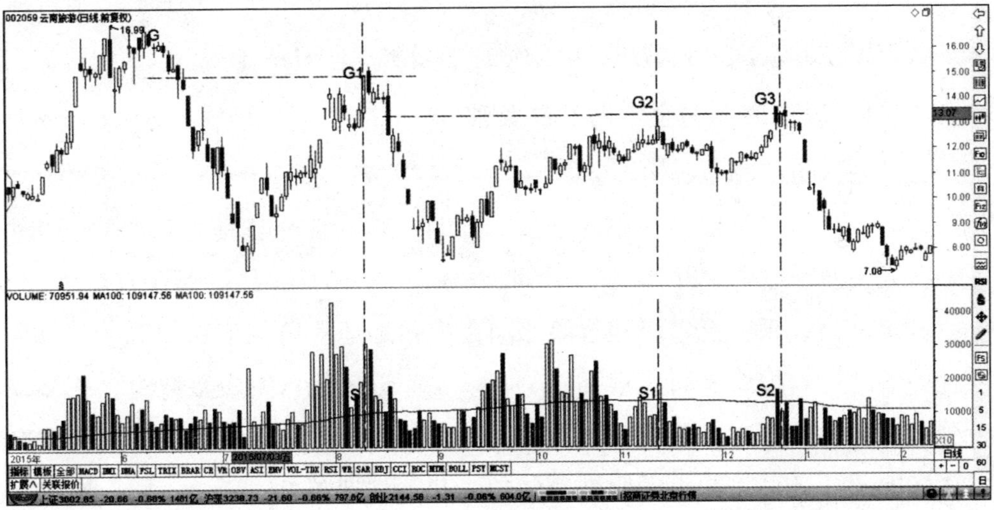

图 6–6　云南旅游日 K 线图

操作要领：

（1）从股价跌幅扩大进入熊市来看：如图 6–6 所示，可以看到股价从 G 位置的价格高位见顶以后，该股在单边下跌期间跌幅高达 –50%，进入下跌趋势。

（2）从放量反弹股价涨幅有限来看：在股价放量反弹期间，价格达到了 G1 位置的价格高位，由于放量时间较短，股价并未达到 G 位置的价格高点。

（3）从低价区继续形成顶部来看：进入下跌趋势以后，典型的反弹高位出现在 G2 和 G3 位置，期间量能在 S1 和 S2 位置都明显萎缩。左侧交易者可以在股价反弹还未到达短期高位的时候，提前采取减仓交易策略。

总结：熊市阶段，股价双向震荡的频率较高，但是由于量能不高，价格反弹无法达到前高价位，左侧交易者可以在股价反弹接近前期高位前减少持股。

6.4 左侧交易的金字塔资金管理模式

左侧交易者在价格反转前采取行动，以便适应价格运行趋势。这样一来，从仓位设定上要主动调整资金投入规模，以有效减轻交易风险，提高投入效率。牛市行情末期，左侧交易者主动卖掉股票，以适应价格顶部形态。熊市行情末期，可以主动增加持股数量，以便适应股价触底回升的走势。

6.4.1 熊市底部的金字塔交易策略

股价进入价格高位反转趋势以后，在下跌期间，股价下跌空间不断扩大，相应地，投资者的持股风险不断增加。此时，等待股价触底，不如在价格触底前买入股票，这样可以有效降低持股成本，适应价格下跌的建仓节奏。

熊市期间，采取金字塔建仓策略可以有效地适应价格下跌节奏。在金字塔建仓策略中，投资者可以根据股价下跌空间选择投入的资金数量。从整数价位来看，股价每次下跌到整数价位，投入的资金可以成倍增长。比如首次投入资金是 1 的话，更低的整数价位投入资金可以是 2、4、8、16。当然，资金实力较强的投资者可以充分细化资金投入比，以便在股价下跌过程中降低持股成本。

形态特征解读：

（1）缩量顶部出现反转大阴线：价格在高位时成交量明显萎缩，推动顶部出现反转形态，此时，典型的大阴线形态成为价格下跌的推动因素。

（2）首次整数价位确认建仓：随着跌幅扩大，首次出现整数价位买点时，左侧交易者可以少量买入股票。

（3）连续下跌期间增加持股数量：当股价缩量下跌趋势延续时，增持股票的动作延续下来，价格每次下跌到新的整数价位，都买入更多的股票，以降低持股成本。

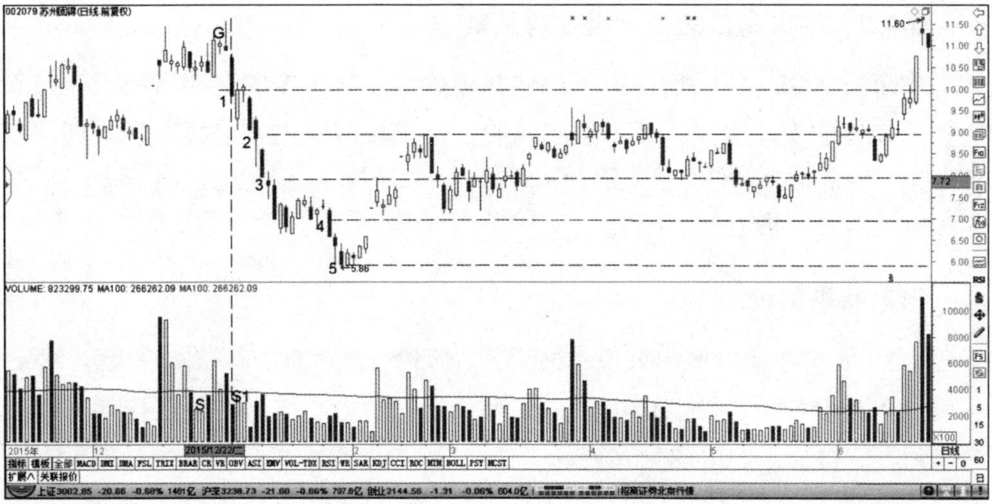

图 6-7　苏州固锝日 K 线图

操作要领：

（1）从缩量顶部反转大阴线出现来看：如图 6-7 所示，股价在 G 位置的价格高位见顶前，S 位置的量能已经低于 100 日等量线。接下来 S1 位置的量能依然较小，使得股价出现大阴线回落趋势。

（2）从首次出现整数价位确认建仓来看：大阴线确认了反转趋势以后，首次买入股票的机会出现在 1 位置对应的整数价位 10 元。

（3）从连续下跌期间增加持股数量来看：如果 1 位置投入的资金为 1 万元的话，接下来股价到达 2、3、4、5 对应的整数价位 9 元、8 元、7 元、6 元时，投入资金可以是 2 万元、4 万元、8 万元、16 万元。价格在 5 对应的价位触底，买入总资金为 31 万元。

总结：在左侧交易中，股价下跌阶段依然可以逆势建仓，这是出于对预期股价触底的判断。当然，首次买入股票的价位可以更低，这样总体持仓成本可以明显下降，今后盈利将会更加容易。

6.4.2 牛市高位的金字塔交易策略

牛市行情中，持股的投资者很快获得收益。对于左侧交易者而言，在股价到达顶部前卖掉股票，才不会因为股价在顶部反转而遭受较大的亏损。从金字塔交易策略来看，投资者可以首先卖掉一部分股票，等待股价到达新的整数价位以后，再考虑继续卖掉股票。

形态特征解读：

（1）股价在低价区出现技术性反弹：股价暴跌以后，在技术性反弹期间，股价上涨速度很快。此时价格进入回升趋势，左侧交易者在资金管理上可以首先减仓，以便适应价格回升趋势。

（2）黄金分割线价位首次卖掉股票：价格到达黄金分割线的压力位以后，可以首先卖掉一部分股票。首次卖掉的股票可以是总体持股数量的10%。

（3）股价见顶时持股数量显著减少：股价继续回升，在价格见顶前，可以在不同的分割线价位继续减少持股。减少持股数量分别为总数量的20%、30%、40%。

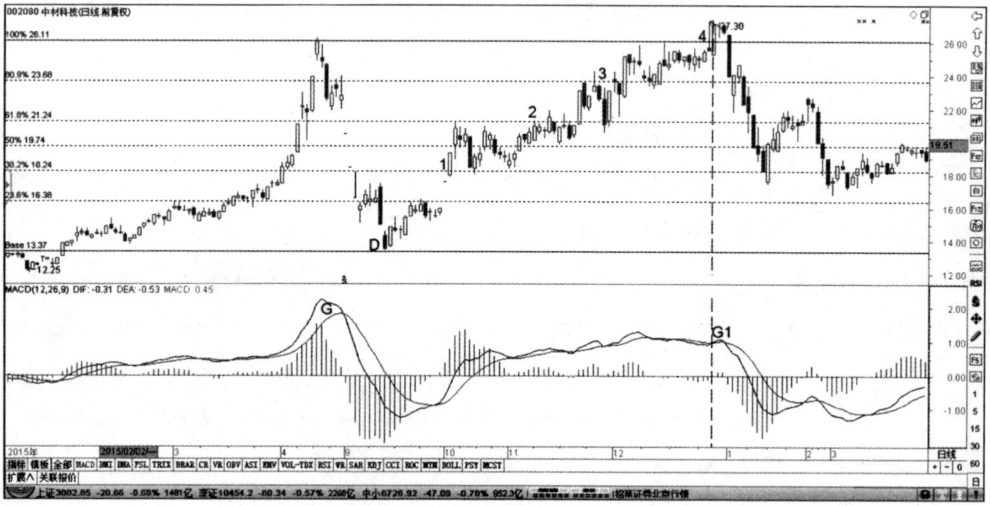

图6-8 中材科技日K线图

操作要领：

（1）从股价在低价区出现技术性反弹来看：如图 6–8 所示，股价暴跌到 D 位置的价格低点，很快出现技术性反弹。股价反弹期间，一字涨停板后，股价收盘达到 1 对应的 18 元上方。

（2）从黄金分割线价位首次卖掉股票来看：首次卖掉股票的价位是黄金分割线 0.382 对应的 18 元，也就是图中 1 对应的价位，这是左侧交易者按照金字塔资金管理模式首次减少持股的时机。

（3）从股价见顶时持股数量显著减少来看：在图中显示的 2、3、4 对应的 0.618、0.809 和历史高位对应的价位，分别减少持股 20%、30% 和 40%。此时，在股价见顶回落前，已经完成了减仓动作。

总结：股价进入回升趋势以后，左侧交易者已经在不断地降低持股数量。虽然股价见顶的真实价位难以判断，但是在减少持股的过程中，投资者在盈利的情况下降低了持股风险，这符合价格回升趋势。

第 7 式

量价诀：量价判断价格强弱

成交量放大和收缩始终影响着价格的运行方向，在实战交易阶段，典型的放量信号和缩量形态都是投资者关注的重点。放量期间，不管是连续放量、脉冲放量还是天量放量，都明显在短线推动股价走强。而缩量期间，当价格处于高价区时，股价很容易出现顶部反转走势。

本节着重介绍放量上涨形态、缩量洗盘形态、跌停开盘形态和天量成交形态。这些形态出现以后，典型的量价关系被确认下来，股票交易方向也将得到验证。

7.1 放量推动上涨形态

量能放大可以推动股价上涨，连续放大的量能可以促使股价连续飙升。在此形态下，不仅短线交易机会出现，回升趋势中大幅盈利的机会也将出现。而脉冲放量期间，股价短时间内出现较大放量，在股价强势上涨的过程中，开始呈现价格上行的趋势。

7.1.1 连续放量上涨形态

当股价下跌到一定位置以后，低价区的放量回升值得投资者关注，因为这是股价企稳的重要信号。从比较低的量能状态向放量状态转变，成交量明显达到比较高的水平，这是推动股价企稳的重要信号。如果成交量回升到 100 日等量线上方，高成交量状态将得到延续，股价上涨趋势也可以得到加强。

形态特征解读：

（1）价格下跌期间出现较低量能：股价下跌期间，成交量不断萎缩，当股价下跌结束以后，低价区的量能变得很低。

（2）低量低价区出现放量反弹：在低价区，成交量从比较低的状态开始放大，推动股价放量脱离价格低位，此时价格上涨趋势就得到验证。

（3）高价区出现放量反弹：当股价回升以后，相对高价区出现了放量上涨的情况。在高价区放量期间，量能将更大，价格上涨趋势也将得到延续。

操作要领：

（1）从价格下跌期间出现较低量能来看：如图 7–1 所示，股价进入下跌趋势以后，该股从 20 元下跌到低价区 10 元下方，跌幅超过 –50%。同时，成交量已经显著低于 100 日等量线。

（2）从低量低价区出现放量反弹来看：股价触底回升期间，成交量在 F 位置显著放大，推动价格在 J 位置进入到持续飙升状态。量能放大趋势明显，股价以跳空上涨的形式回升。

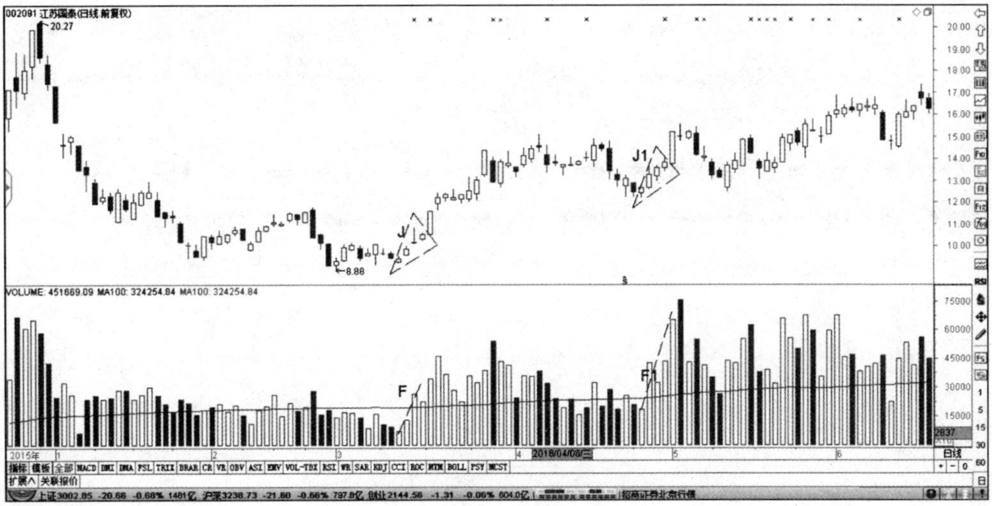

图 7–1　江苏国泰日 K 线图

（3）从高价区出现放量反弹来看：类似的持续放量出现在 F1 位置，股价在 J1 位置加速反弹，该股上涨趋势得到验证。量能推动的价格回升趋势明显，成交量显著放大，成为推动股价上涨的重要因素。

总结：持续放量推动价格上涨更值得投资者关注。在持续放量期间，量能可以轻松回升到 100 日等量线上方。对于明显缩量低价运行的股票而言，这种放量趋势无疑是突破性的。

7.1.2　巨量脉冲上涨形态

巨量成交相比持续放量是更有爆发力的放量形态，量能突然达到 100 日等量线上方，股价强势跳涨。此时主力投资者介入明显，股价摆脱弱势格局的速度加快，这是因为主力投资者在低价区抢筹买入股票，促使股价摆脱缩量调整态势。股价强势运行的特征得以延续，价格上涨期间的盈利机会不容错过。

形态特征解读：

（1）低价区出现巨量反弹：股价下跌到低价区以后，低成交量的情况下，股价出现巨量反弹走势。量能相对低量能状态显著放大，股价很快摆脱颓势。

（2）量能萎缩后股价再次回落：低价区巨量量能出现以后，股价经历短线上涨，在量能萎缩的情况下股价二次下跌。

（3）低价区再次出现巨量反弹：当股价缩量回调到低价区时，巨量成交量又一次出现，此时放量的规模更大，股价跳空上涨，摆脱下跌趋势。

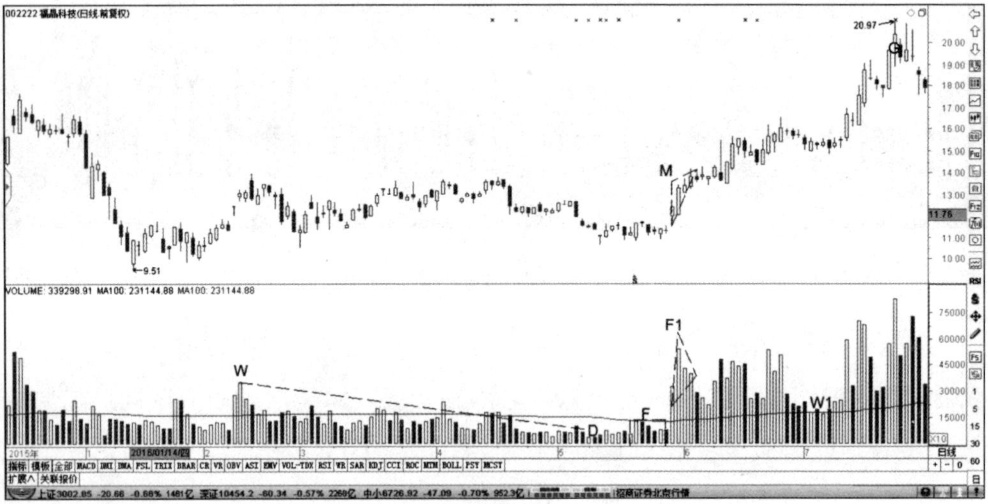

图 7–2　福晶科技日 K 线图

操作要领：

（1）从低价区出现巨量反弹来看：如图 7–2 所示，股价回落到低价区以后，可以看到股价在低价区出现放量。图中 W 位置出现巨大量能，股价很快摆脱颓势。

（2）从量能萎缩后股价再次回落来看：当成交量持续萎缩到 D 位置时，股价出现明显的二次回调走势。价格回调力度很大，低价买点再一次出现。

（3）从低价区出现巨量反弹来看：当 F 位置开始放量以后，量能接近等量线。随着成交量在 F1 位置显著回升，巨量推动股价强势反弹，典型的买点出现在 M 位置。在价格回升期间，W1 位置量能萎缩，继续出现买点。之后股价飙升到 G 位置，涨幅高达 80%。

总结：巨大成交量推动股价快速企稳，巨量反弹次数增加以后，股价可以进入稳步回升阶段，买点无疑出现在股价巨量反弹的那一刻。

7.2　缩量洗盘形态

缩量洗盘期间，股价虽然短线明显下跌，但是下跌幅度并不大。作为放量阶段的缩量洗盘形态，可以视为低价买入股票的时机。洗盘期间，股价弱势下跌，量能显著缩量以后，价格已经下跌到位，低价买点得到确认。

7.2.1　连续放量期间缩量洗盘

在成交量持续放大的过程中，股价短期上涨空间加大，随后技术性的缩量回调走势出现。这个时候，还未大量投入资金的投资者可以买入股票。通常来说，只要成交量没有低于 100 日等量线，股价缩量以后还会二次放量。在回升趋势中，缩量低价买点成为投资者扩大收益的关键。

形态特征解读：

（1）股价触底前开始放量：在股价进入下跌趋势以后，价格触底前已经出现过多次反弹，并且股价出现了放量信号，表明股价距离真实底部不远。

（2）股价进入放量回升阶段：当股价进入放量回升阶段以后，典型的量能放大趋势得到确认，股价进入非常强势的阶段。

（3）缩量回调提供买点：股价放量回升期间，成交量短线萎缩提供了价格调整机会。量能接近等量线时，是缩量买入股票的机会。

操作要领：

（1）从股价触底前开始放量来看：如图 7–3 所示，F 和 F1 位置已经出现明显的放量信号，此时股价在低价区强势震荡，该股已经出现底部特征。

（2）从股价进入放量回升阶段来看：可以看到，随着 S 位置最后一个缩量结束，M 位置的低价买点成为股价上涨期间的抄底价位。

（3）从缩量回调提供买点来看：在价格上涨过程中，S1 和 S2 位置的量能显著缩量，股价在 M1 和 M2 位置都出现了回调，建仓机会不容忽视。S1

位置成交量低于 100 日等量线，量能萎缩更加显著，之后股价冲高到 G 位置见顶。

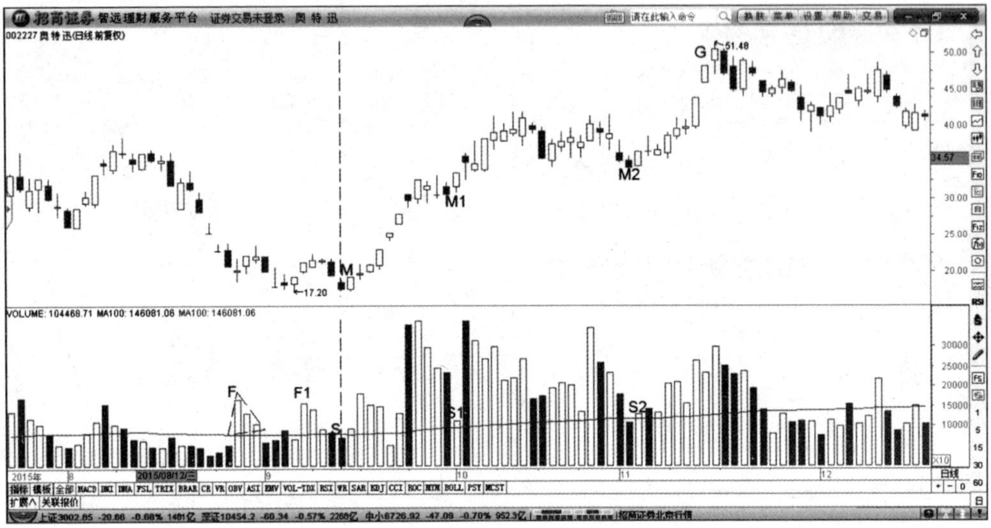

图 7–3　奥特迅日 K 线图

总结：显著放量阶段，股价回升趋势较强。在成交量放大期间，如果量能接近 100 日等量线，可以将其视为价格上涨期间的简单回调走势。回调结束以后，价格依然会走强，低价追涨买入股票的投资者还是有利可图的。

7.2.2　脉冲放量期间缩量洗盘

脉冲放量阶段，成交量虽然能够瞬间放大，但是量能并不会延续放量态势。从交易机会来看，脉冲放量提供了一段时间的盈利机会，脉冲放量结束，成交量萎缩速度会很快，价格也会同步下跌，此时的买点机会不容忽视。较高的脉冲量能结束以后，缩量期间买入股票，股价走强期间可以获得盈利。

形态特征解读：

（1）低价区出现首次脉冲放量：在低价区出现脉冲量能期间，股价强势运行，低价区的股价反弹效率很高。

（2）股价冲高回落提示买点：首次强势放量以后，股价缩量回调，是比较典型的低价买点。

（3）回升期间缩量买点继续出现：随着脉冲量能规模不断扩大，可以看到股价依然会出现缩量回调，但是脉冲放量趋势未变，低价买点继续出现。

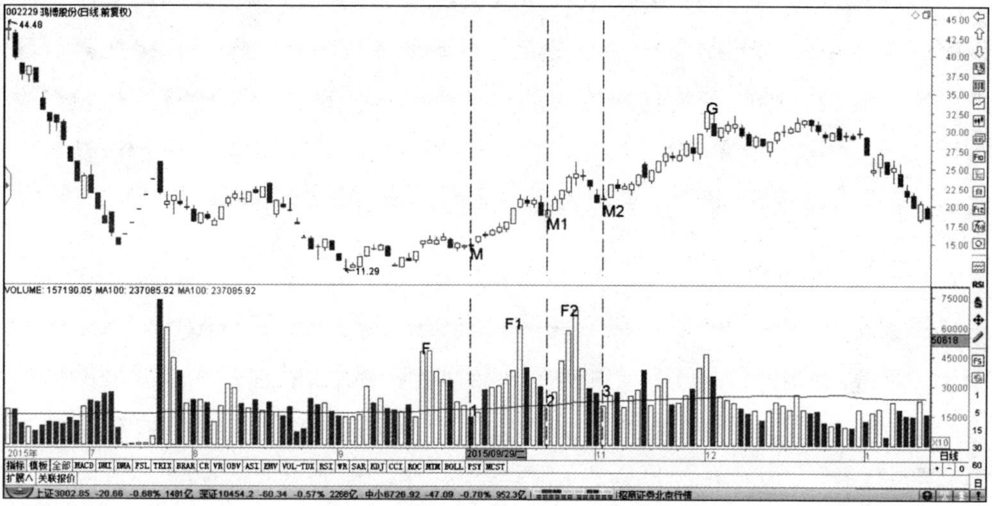

图 7–4　鸿博股份日 K 线图

操作要领：

（1）从低价区出现首次脉冲放量来看：如图 7–4 所示，股价在 F 位置显著脉冲放量，价格冲高回调，股价表现非常抢眼，表明该股已经摆脱颓势。

（2）从股价冲高回落提示买点来看：首次脉冲放量后，1 位置量能萎缩，提示 M 位置的买点出现。从建仓成本来看，M 位置的买点出现在首次放量以后。如果是右侧交易者，股价冲高回落以后买入该股是恰当的。

（3）从回升期间继续出现缩量买点来看：接下来成交量在 F1 和 F2 位置达到更高，当缩量到达 2 和 3 位置以后，M1 和 M2 位置的买点不容忽视。在典型的缩量买点中，成本相对于股价上涨到 G 位置低很多。总的来看，在不同缩量追涨价位买入该股，盈利可高达 50%~100%。

总结：出现超大的脉冲量能以后，主力投资者短时间内抢筹规模很大，缩量回调期间，主力有足够的动机控制价格跌幅，因此，投资者在缩量回调期间买入股票是可以盈利的。

7.3 放量打压形态

在放量打压形态中，主力投资者此时已经获得丰厚收益，因此在出货阶段可以不择手段向外抛售。主力投资者不顾散户投资者利益，直接在高价区大量卖出股票，股价就会在高价区放量杀跌。当出现跌停板时，价格已经进入快速下跌趋势。高价区放量打压是主力出货的信号，而在股价大幅杀跌后，低价区放量杀跌则是抛售压力得到集中释放和股价触底的信号。

7.3.1 低价区放量打压形态

股价进入下跌趋势以后，下跌期间成交量表现出萎缩状态。如果量能低于 100 日等量线，价格下跌趋势可以得到验证。随着跌幅扩大，典型的低价区股价表现弱势。在股价触底前，出现最后一次放量回落走势。在低价区，股价放量回落，这是持股投资者最后一次大量抛售股票造成的。而此时场外投资者买入股票是非常积极的，促使股价出现放量回落的阴线形态，成为投资者抄底买入股票的时机。

形态特征解读：

（1）价格高位出现一字跌停板：股价在高位一字跌停以后，在接下来的交易日中继续放量回落。价格跌幅快速扩大，股价下跌趋势得以确认。

（2）股价出现缩量暴跌：当股价出现缩量暴跌以后，价格下跌期间的跌幅扩大。从熊市股价下跌完成情况来看，跌幅达 –50%，已经进入熊市后期。

（3）低价区出现放量打压形态：在股价暴跌以后，低价区量能萎缩期间，股价又一次出现放量杀跌走势。股价连续多个交易日出现放量回落，跌幅不大，提示低价区的打压洗盘成为投资者不错的买点。

操作要领：

（1）从价格高位出现一字跌停板来看：如图 7–5 所示，从 L 位置开始，股价以一字跌停板加速下跌，短期跌幅高达 –40%，表明该股已经进入下跌趋势。

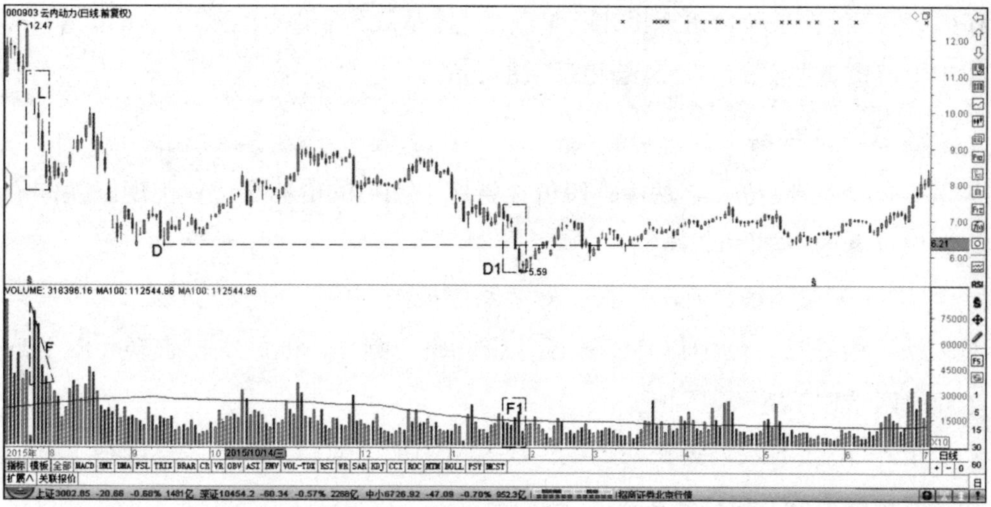

图 7–5　云内动力日 K 线图

（2）从股价出现缩量暴跌走势来看：确认下跌趋势以后，股价继续缩量回落，收盘价达到 D 位置的低点，累计跌幅高达 –50%。从下跌幅度来看，该股已经调整到位。

（3）从低价区出现放量打压形态来看：即便在低价区，该股的放量回调依然没有结束的迹象，反而在图中 D1 位置出现了连续放量回落走势。价格短线连续回落，这是主力最后一次打压洗盘动作。股价在 D1 位置真正触底，接下来该股出现显著的回升走势。

总结：股价进入缩量下跌趋势以后，在低价区股价的最后一跌，往往能够激起场外投资者的抄底兴趣。由于价格较低，买入股票的低价成本可以吸引投资者抄底，此时虽然股价放量回落，却成为主力投资者打压洗盘后的反转价位。

7.3.2　高价区放量打压形态

高价区放量打压股价期间，如果主力投资者打算出货，那么股价就会进入下跌趋势。在高价区主力投资者卖出股票期间，成交量达到天量，筹码转移效率很高，这是股价进入熊市行情的信号。从股价下跌幅度和下跌时间来看，熊市中投资者遇到的持股风险将是空前高的。

形态特征解读：

（1）股价高位一字跌停：股价在持续上涨后的价格高位，出现以跌停价开盘和收盘的一字跌停形态。

（2）天量阴线打开一字板：一字跌停板出现后的下一个交易日，股价再次以跌停板开盘，盘中打开跌停板，股价略有回升，但成交量表现为向上到达显示区域顶部的天量阴量。

（3）缩量下跌趋势长期延续：在天量阴量出现后，股价依然延续下跌趋势，成交量表现为量柱缩短的阴量状态。

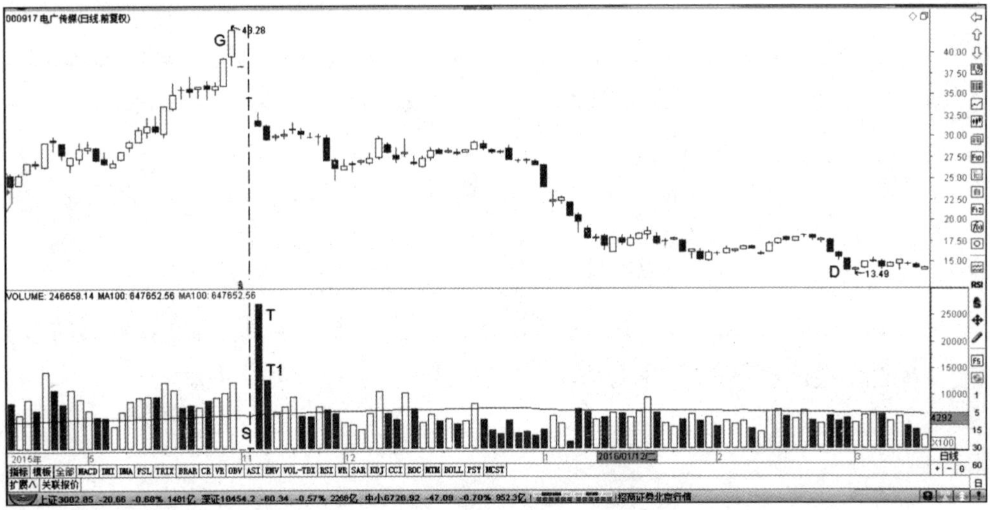

图 7–6　电广传媒日 K 线图

操作要领：

（1）从股价高位一字跌停来看：如图 7–6 所示，股价连续两个交易日走出一字跌停板，短线跌幅较大，高位反转迹象明显。

（2）从天量阴线打开一字跌停板来看：股价在 S 位置量能达到地量状态，

接下来 T 位置的量能脉冲放大至天量，筹码大量转移。T1 位置量能相对萎缩，股价下跌态势不变。

（3）从缩量下跌趋势长期延续来看：股价一字跌停以后，接下来缩量下跌趋势长期延续。股价从高价位的 40 元暴跌到低价区的 14 元附近，跌幅高达 −65%。从价格表现看，并没有像样的反弹出现，下跌趋势的持股风险很高。

总结：典型的一字跌停板以后，股价进入下跌趋势，天量成交推动筹码大量换手。换手结束以后，股价缩量下跌的大趋势得以延续。从交易机会来看，股价高位一字跌停后打开跌停的卖点不容忽视。

7.4　跌停开盘形态

在跌停开盘形态中，股价出现了明显的杀跌走势。开盘价格跌停，表明主力投资者在开盘前就放量打压股价，使得股价出现了跌停形态。这个时候，散户投资者高位出货已经不可能。跌停开盘 K 线出现以后，股价进入单边下跌趋势。随着跌幅不断扩大，相应的下跌趋势也随之形成。

7.4.1　开盘跌停倒 T 形线

股价进入下跌趋势以后，如果成交量极度萎缩，价格继续下跌的可能性还是比较大的。作为散户投资者，面临的下跌风险极高。如果抛售压力还没有完全释放，股价在低价区还可能出现跌停。低价区出现跌停以后，盘中股价打开跌停板，但是收盘价依然跌停。此时抛售压力释放充分，股价触底的概率就比较高了。

形态特征解读：

（1）股价进入熊市下跌阶段：股价进入熊市下跌阶段，这时候价格跌幅快速扩大，缩量下跌趋势一目了然。

（2）低价区股价放量跌停：在价格下跌过程中，股价已经处于低价区，但是股价依然可能开盘跌停，并且以倒 T 形线收盘。

（3）缩量收盘底部提示出现买点：在成交量萎缩的情况下，股价下跌幅度减小，低价区股价出现了缩量触底信号。

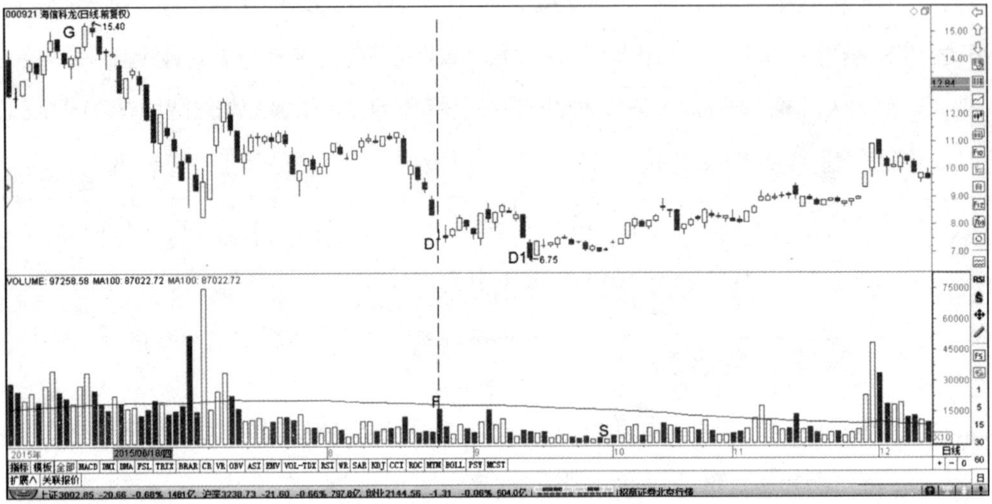

图 7-7　海信科龙日 K 线图

操作要领：

（1）从股价进入熊市下跌阶段来看：如图 7-7 所示，价格在 G 位置见顶以后，下跌速度很快，一个月里股价跌幅已经超过 -40%。

（2）从低价区股价放量跌停来看：在股价连续杀跌的时候，该股在 D 位置出现跌停板。倒 T 字形的跌停 K 线出现在低价区，这是抛售压力充分释放的信号，同时也是股价触底的信号。

（3）从缩量收盘底部提示出现买点来看：低价区 D1 位置继续出现缩量下跌新低，成交量更低。当量能到达 S 位置的地量状态以后，触底回升信号出现。

总结：低价区股价以跌停板开盘，股价跌幅加大，缩量下跌空间受限，技术性反弹提供了买点信号。量能继续萎缩达地量状态以后，可以看到低价区出现触底回升走势，投资者随后开始逐步获得收益。

7.4.2　开盘跌停一字线

股价在高位运行，忽然开盘出现一字跌停板，这成为股价加速下跌的信号。由于跌幅较大，使得持股投资者来不及在高位卖出股票，只能在接下来跌停板打开以后急速出货。从抛售压力来看，场外抄底的投资者远不能阻止股价的下跌趋势，做空实力较强。跌停板以后，投资者疯狂抛售股票，成为股价加速下跌的起始信号。

形态特征解读：

（1）一字跌停开启下跌趋势：当股价一字跌停以后，原本运行在高价区的股价很快进入弱势运行状态。作为牛市见顶信号，一字跌停板很容易成为股价加速下跌的起始形态。

（2）天量成交、筹码高位换手：一字跌停板后的第二个交易日，股价以天量成交形式打开跌停板，表明持股投资者加速出逃，股价下跌趋势还会持续。

（3）缩量下跌，股价出现超跌：在成交量极度萎缩前期，股价下跌趋势始终没有停止的迹象。下跌趋势由一字跌停板开始，累计跌幅将很快扩大。

操作要领：

（1）从一字跌停开启下跌趋势来看：如图 7–8 所示，股价在 G 位置放量见顶以后，接下来在 Y 位置出现一字跌停走势，成为股价加速下跌的信号。S 位置量能极度缩量，表明一字跌停期间只有少量投资者成功出逃。

（2）从天量成交、筹码高位换手来看：图中 T 位置显示量能达到天量状态，股票成交数量呈爆炸性增长，筹码出逃迹象明显。天量成交以后，很多投资者在高位接盘，股价下跌趋势不会因此结束。

（3）从缩量下跌、股价出现超跌来看：天量筹码换手以后，量能萎缩期间，股价以单边回落形式下跌。股价下跌到 D 位置的低点，累计跌幅超过 –30%。

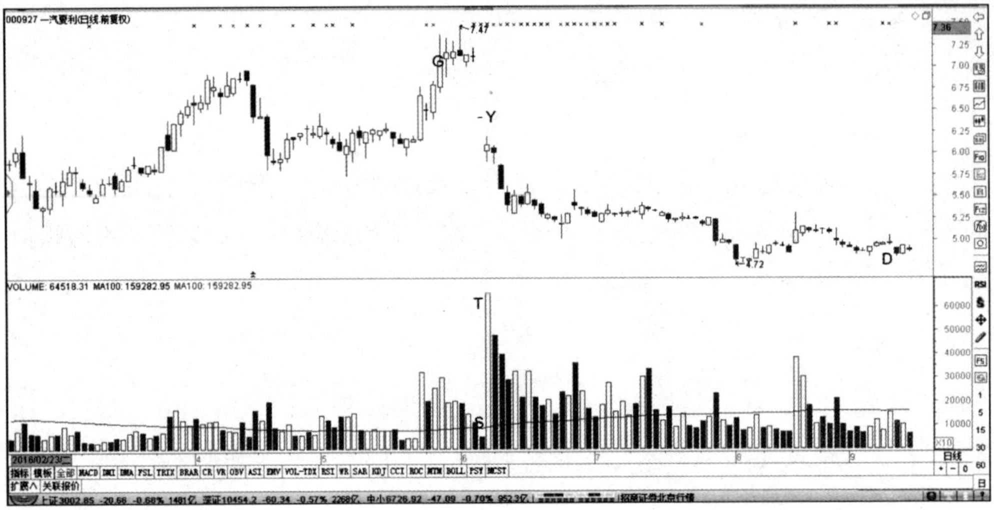

图 7–8　一汽夏利日 K 线图

总结：在高价区出现一字跌停板以后，股价就已经进入下跌趋势。这个时候，减少持股的机会并不多，多数散户投资者只能在股价下跌的过程中割肉，而股价下跌趋势还会在缩量期间延续下来。

7.5　天量成交形态

天量成交量期间，筹码转移规模增加，是典型的交易信号。高价区天量成交通常是股价见顶的信号，筹码在高价区换手，抛售压力明显增加。天量如出现在低价区，表明抛售压力释放充分，股价更容易出现单边回升趋势。

7.5.1　低价区天量成交形态

在主力投资者拉升股价期间，如果抛售压力明显很大，主力投资者就会选择天量出货的形式打压股价。天量成交以后，成交量维持高位运行，筹码换手数量也维持在高位。经过几个交易日的巨量换手以后，股价下跌压力得到释放，股价下跌到位以后，很快触底回升，价格进入单边上涨趋势中。

形态特征解读：

（1）股价天量上涨：在量价平稳的情况下，如果某一个交易日股价突然出现天量拉升的阳线形态，可以认为是主力介入的信号。

（2）出现天量下跌阴线：出现天量拉升的阳线形态以后，股价进入放量下跌的回调走势。放量期间，量能出现了比天量更高的量能，也就是天量成交状态。天量成交期间，股价出现了单边回调走势。

（3）连续调整后股价触底：连续回调以后，股价成功触底回升。天量阴线期间，抛售压力得到了释放，使得股价重拾升势。

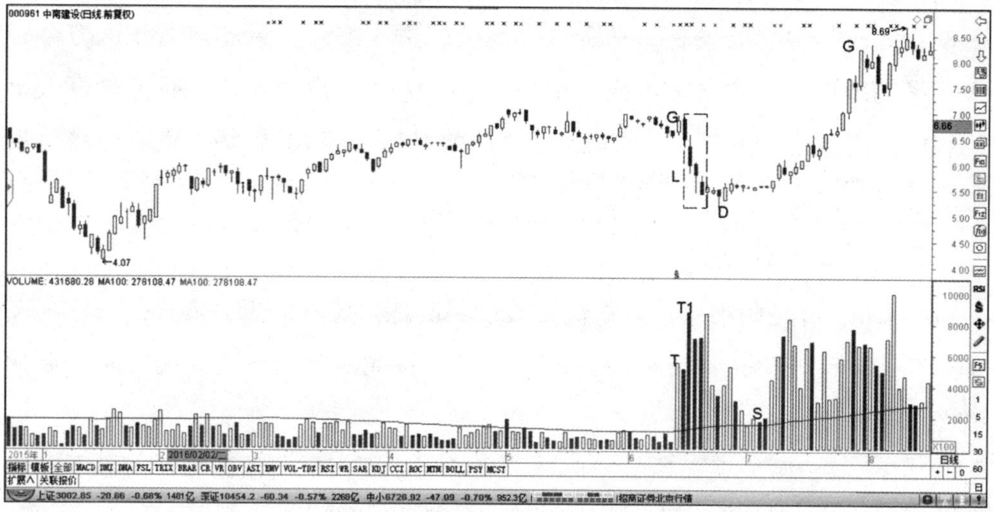

图 7–9　中南建设日 K 线图

操作要领：

（1）从股价天量上涨来看：如图 7–9 所示，股价平稳运行期间，G 位置出现中阳线形态，而量能在 T 位置明显达到天量，这是主力操盘的信号。

（2）从出现天量下跌阴线来看：股价出现阴线回落以后，量能不仅是放量，而是天量之后更大的量能，可以认为这也是天量量能，是短时间内出现的更高的天量量能。

（3）从连续调整后股价触底来看：连续回落 4 个交易日，巨量成交期间股票换手充分，股价短时间内下跌到位。量能在 S 位置达到低位，股价从 D 位置回升以后，到 G 位置的涨幅已达 50%。

总结：成交量达到天量以后，股价连续多个交易日巨量下跌，表明筹码在低价区大量换手。由于抛售压力充分释放，股价基本下跌到位，此时，价格触底回升带来的收益空间非常可观。

7.5.2 高价区天量成交形态

主力投资者大幅拉升股价以后，会以天量出货的形式打压股价。天量成交以后，价格高位很快出现大阴线形态。大阴线可以是以高开后下跌的形式出现，如果阴线实体较长，一定会推动股价进入缩量下跌趋势。作为资金投入不多的散户投资者，在价格高位见顶前，需要非常谨慎。只有把握好天量阴线的高抛卖点交易机会，才能减少持股数量，同时又能够规避价格暴跌带来的风险。

形态特征解读：

（1）股价经历涨停拉升行情：股价经历涨停拉升以后，如果仅仅出现反弹走势，表明股价短期上涨空间已经比较大，此时抛售压力大增，股价见顶的概率提升。

（2）高价区出现天量阴线形态：高价区出现天量阴线以后，可以看到股价高位的抛售压力很大，进一步下跌的概率显著提高。

（3）价格进入缩量回调趋势：量能萎缩期间，股价波动空间收窄，而股价下跌幅度不断扩大。即便成交量并未低于100日等量线，依然可以认为股价下跌到位。

操作要领：

（1）从股价经历涨停拉升行情来看：如图7–10所示，可以看到股价上涨速度很快，F位置的量能加速放大，回升期间股价出现了3个涨停板，累计涨幅达50%，该股表现明显强势。

（2）从高价区出现天量阴线形态来看：加速回升以后，T位置出现天量成交，股价以实体非常长的阴线形态见顶。天量阴线顶部提示的反转特征显著，投资者需要关注该股的回落趋势。

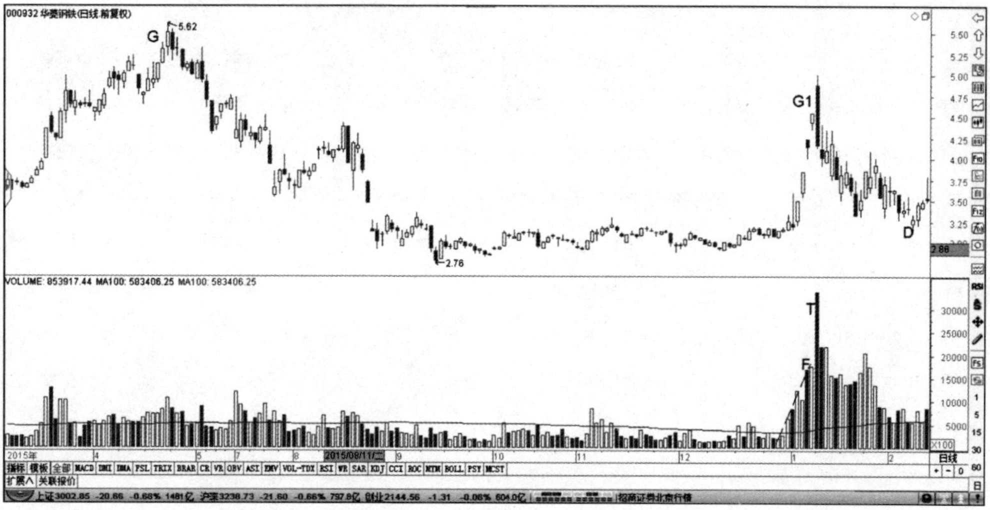

图 7-10　华菱钢铁日 K 线图

（3）从价格进入缩量回调趋势来看：股价缩量下跌以后，该股量能持续萎缩并且接近 100 日等量线，股价短线回落达 -30%。

总结：价格高位出现天量阴线是典型的反转形态，投资者需要关注天量阴线推动的股价下跌走势，这是因为股价短线涨幅较大，高价区又出现了暴跌走势，反转特征明显，因此减少持股可以有效规避股价回调风险。

第 8 式

资金诀：资金流入关注价格异动

大单资金净流入个股的时候，价格总是表现得非常强势，典型的买入机会在资金流入期间出现。随着资金流入强度的提升，股价以大阳线形式加速上涨，这是主力投资者介入后的价格强势表现。根据资金流入来判断主力介入的强度，可以准确发现价格上涨初期的买入机会，是获得投资收益的有效手段。

本节主要讲解脉冲超大单资金流入、连续超大单资金流入和超大单控盘的资金流入方式，为投资者提供有效的资金交易策略。

8.1 脉冲超大单资金流入

在超大单资金流入期间，主力投资者的控盘力度增强，股价上涨的概率更高。高频率的脉冲超大单资金流入以后，就可以关注低价区的买点机会了。

8.1.1 间隔较短的脉冲大单流入

在股价走强前，主力投资者控盘力度加大，脉冲流入的资金数量增多。此时，通过确认脉冲大单资金流入，可以看到价格上涨前的买入机会。脉冲资金流入的频率增加以后，主力投资者在拉升股价前频繁吸筹，这个时候，低价区的筹码集中度提升。如果主力投资者想要拉升股价，就能够拉动股价大幅上涨。

形态特征解读：

（1）股价长期横向运行：股价长期横向运行时，大单资金流入数量增加，股价活跃度增强，是投资者关注买点的时刻。

（2）出现高频率脉冲大单：出现高频率的脉冲大单以后，价格活跃度提升，这是主力投资者拉升股价前的信号。

（3）股价加速拉升涨停：在脉冲大单出现频率迅速增加后，股价经历短暂回调就进入加速上升状态，这是主力控盘后开始拉升股价的信号。

操作要领：

（1）从股价长期横向运行来看：如图 8–1 所示，在 M 位置脉冲大单流入前，连续 3 个月里，该股运行态势较强，横向调整期间，资金流入规模不断增加。

（2）从高频率脉冲大单出现来看：从 M 位置来看，脉冲大单资金不断流入。M1、M2、M3 和 M4 位置超大单资金流入数量不断增长，脉冲资金出现频率提升，这是主力投资者介入该股的信号。

（3）从股价加速拉升和涨停来看：脉冲大单资金流入期间，股价从 G

回升到 G1 位置。从 G1 位置开始，资金在经历连续多个交易日流出后，该股在 J 位置连续出现资金流入的现象，股价随后出现涨停板走势。

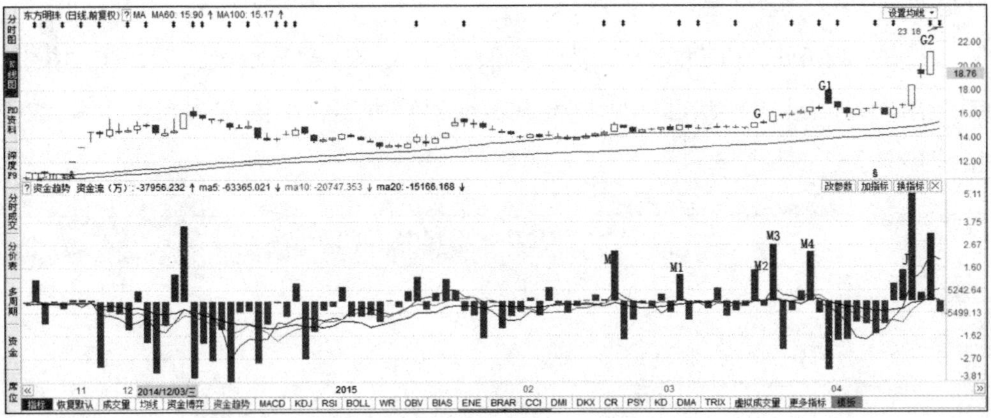

图 8-1　东方明珠日 K 线图

总结：资金流入的频率决定了主力投资者的控盘力度。主力控盘力度增加以后，资金流入频率提升。连续有脉冲大单资金流入时，恰好成为散户投资者持股盈利的有利时机。

8.1.2　间隔较长的脉冲大单流入

在股价长期回升过程中，主力投资者始终控盘。脉冲流入的资金量很大，但是资金脉冲流入的频率不高。此时，通过确认脉冲大单资金流入，可以看到价格上涨前的买入机会。只要在出现脉冲大单的时候买入股票，投资者就可以在长期回升趋势中盈利。主力利用脉冲资金来增加持有的筹码，当吸筹达到目标以后，必然会拉动股价加速回升。投资者可以跟随主力的控盘节奏持有股票，在价格回升期间扩大收益。

形态特征解读：

（1）股价存在长期脉冲行情：在资金脉冲流入的情况下，股价脉冲拉升的行情长期存在。在每一次脉冲行情中，投资者都能够在局部行情中获得丰厚利润。

（2）累计涨幅不断扩大：由于脉冲大单长期存在，并且每一次脉冲资金流入规模都很大，这成为推动股价上涨的动力来源。从累计涨幅来看，股价在脉冲行情以后累计涨幅不断扩大。

（3）股价进入加速回升阶段：当股价进入加速回升阶段以后，主力投资者控盘力度达到顶峰状态。此时股价表现异常强势，短时间内股价上涨空间持续扩大。

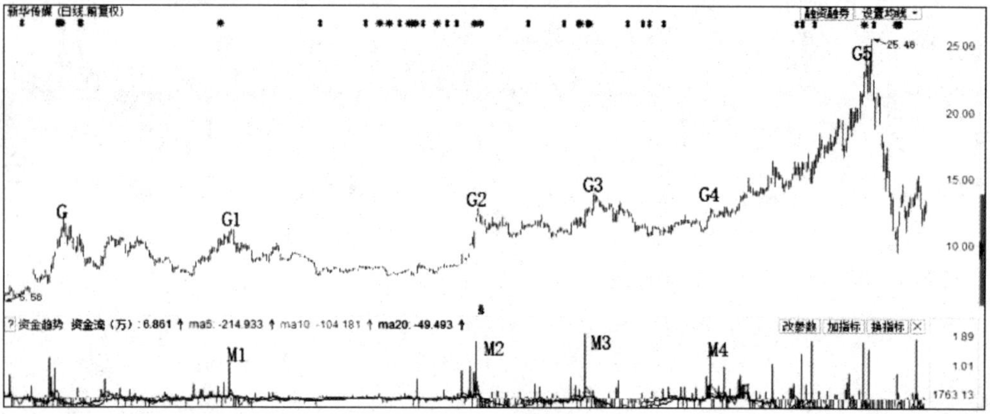

图8-2　新华传媒日K线图

操作要领：

（1）从股价存在长期脉冲行情来看：如图8-2所示，从G位置开始，股价脉冲上涨的走势就已经存在。在G位置以后长达1年的时间里，该股脉冲大单资金流入的情况并没有结束，股价脉冲行情在G1和G2位置接连出现。

（2）从累计涨幅不断扩大来看：股价从G位置到G1、G2、G3、G4、G5位置的表现强势，脉冲拉升行情出现的时间间隔较长，但是从短线低拉算起，累计涨幅接近50%。可见，主力投资者长期控盘效果比较好。

（3）从股价进入加速回升阶段来看：在M1、M2、M3和M4位置的脉冲量能集中流入以后，可以看到股价已经从G4位置加速上行。从G4位置的13元到G5位置的25元，涨幅高达90%。

总结：脉冲大单资金流入规模较大，虽然间隔时间较长，但是主力投资者的控盘力度毋容置疑。此时，只要持股的投资者有足够的耐心，在价格长期回升期间盈利并不困难。

8.2　连续资金净流入

在资金连续流入的情况下，股价表现会相对抢眼。有更高量能流入的个股，股价不仅会在短期走强，而且能够进入中长期回升趋势。如果是短线价格走强，那么短线交易机会不容忽视。在长期的价格回升趋势中，资金流入会成为价格加速上涨的推动因素。

8.2.1　资金连续流入的拉升形态

在主力资金流入的情况下，股价很容易摆脱低价区的弱势格局。此时，主力投资者能够快速掌控局面。大量资金流入的过程，是散户筹码向主力投资者转移的过程，同时也是股价换挡上升的信号。

形态特征解读：

（1）股价长期弱势下跌：在真实的反转出现前，股价已经经历了长期弱势下跌。弱势下跌是股价重新回调的重要时段，此时股价并未有较强势的表现。

（2）下跌期间资金流入有限：股价会在一段弱势运行后开始反弹，限于主力资金流入规模不大，持续时间也不够长，价格上涨空间会受到抑制。

（3）强势资金流入拉升股价上涨：当股价真正调整到位以后，能够看到低价区资金连续流入，股价也在此期间开始加速上涨。

操作要领：

（1）从股价长期弱势下跌来看：如图 8-3 所示，可以看到长期下跌趋势中，L1 和 L2 位置的股价出现一些反弹，但是涨幅受到限制。

（2）从下跌期间资金流入有限来看：限于 B 和 C 位置资金流入规模有限，股价表现并不理想。股价只是在 L1 和 L2 位置微弱反弹后，就出现回落。

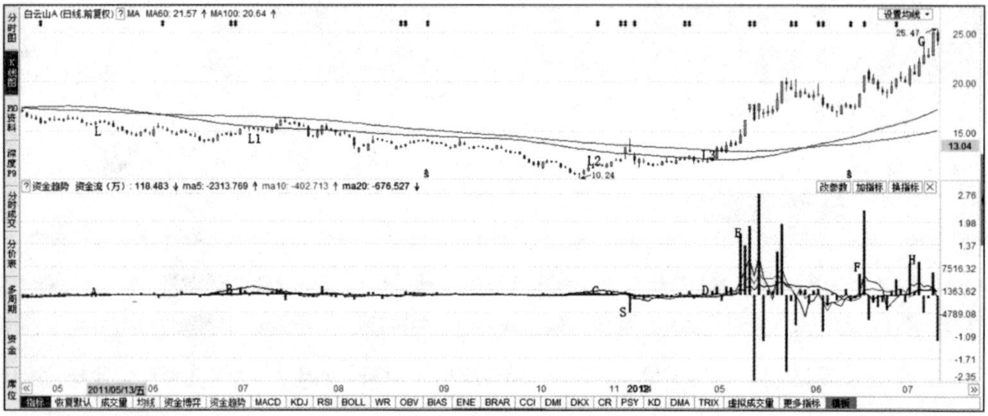

图 8-3　白云山 A 日 K 线图

（3）从强势资金流入拉升股价上涨来看：在 D 位置资金开始明显流入，低价买点出现在 L3 位置。E 位置的资金流入相比熊市期间的资金流入翻了 10 倍以上，更有 F 和 H 位置的资金流入推动股价回升，这期间价格涨幅高达 140%。

总结：牛市行情期间，资金流入对价格走势的影响很大，特别是资金连续流入的时候，股价可以有更强势的表现。实战当中，投资者完全可以在资金显著流入期间大量抄底。

8.2.2　资金连续流入的控盘形态

资金连续流入，主力投资者对股价的控盘达到比较好的状态，此时价格更容易出现单边回升的走势。从超大单线的表现来看，超大单线不仅回升到 0 轴线附近，而且横向运行，这是价格走强前才会有的走势，表明主力投资者控盘股价的能力是很强势的，持股投资者也会因此获益。

形态特征解读：

（1）低价区出现资金连续流入：当股价明显回落以后，低价区主力资金连续流入，这是主力投资者开始控盘的信号。

（2）超大单线走强推动股价反弹：超大单线回升以后，可以看到不同以往的强势表现。超大单线不仅能够达到 0 轴线，而且维持在高位运行，表明有主力在控盘股价。

（3）主力控盘，股价涨幅扩大：在主力投资者控盘过程中，股价摆脱了调整格局，进入明显的单边回升状态，价格回升趋势稳健。

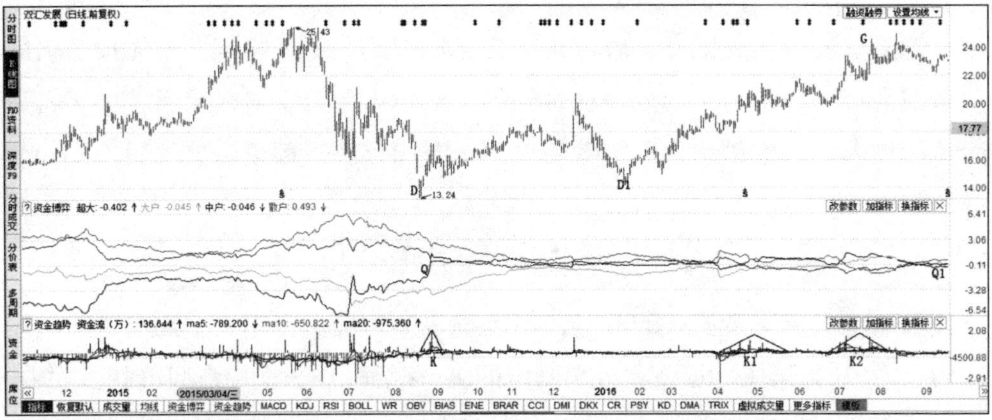

图 8–4 双汇发展日 K 线图

操作要领：

（1）从低价区出现资金连续流入来看：如图 8–4 所示，在股价暴跌到 D 位置的低价区期间，K 位置出现了资金连续流入的情况，使得超大单线持续回升到 Q 位置的高位。Q 位置的超大单线已经在 0 轴线附近，体现了主力投资者控盘明确的意图。

（2）从超大单线走强推动股价反弹来看：从 Q 位置开始，超大单线已经处于高位。相比前期的超大单线，此时的超大单线横向运行到 Q1 位置，表明主力投资者开始控盘该股。

（3）从主力控盘、股价涨幅扩大来看：K1 位置和 K2 位置的超大单资金流入显著，股价强势回升走势也在这个时候出现。超大单控盘该股，使得股价一路飙升到 G 位置的高点。从 D 位置开始控盘到 D1 位置的底部形态，再到 G 位置，涨幅高达 85%。

总结：从超大单线来看，该线可以从0轴线下方持续回升到0轴线附近。超大单线在0轴线附近运行的时候，主力已经开始控盘股价。从控盘效果看，股价进入加速飙升阶段，显示主力投资者操盘效果理想。

8.3 超大单控盘的资金流入

超大单资金流入期间，股价走势会更加强劲，主要是因为主力投资者的资金实力很强，是散户远远无法达到的。从超大单资金流入来看，如果是资金持续流入，或者是超大单控盘的情况长时间存在，都可以成为股价加速飙升的信号。

8.3.1 超大单持续增持形态

按照超大单资金流入的节奏，可以确定主力投资者超大单控盘的时间段和建仓成本。如果主力投资者控盘股价的决心很强，在长期控盘股价的过程中，股价总会出现加速回升的情况。价格快速飙升是因为主力投资者获得足够多的筹码，而拉升股价是兑现利润的重要方式。

形态特征解读：

（1）超大单资金流入持续两年以上：超大单资金流入持续两年以上，此时主力的操盘行为也在两年的时间里延续下来。

（2）历次资金流入都会有脉冲飙升走势：在两年多的时间里，主力超大单资金流入明显，股价也在资金流入期间出现脉冲飙升的走势。价格表现抢眼，证明主力操盘效果较好。

（3）高价区超大单推动价格飙升：超大单资金持续流入以后，可以看到股价不仅回升到高价区，而且从高价区开始加速飙升。主力超大单资金依然在流入，股价累计涨幅很大。

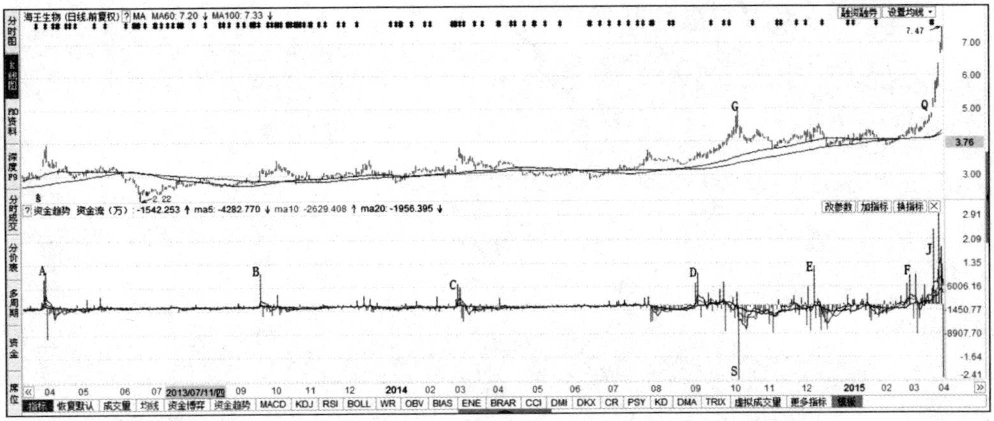

图 8–5　海王生物日 K 线图

操作要领：

（1）从超大单资金流入持续两年以上来看：如图 8–5 所示，从 A 位置开始，超大单资金流入的情况就始终没有停止。脉冲大单规模很大，相比流出的资金，规模要高得多。这种超大单资金流入也出现在 B、C、D 位置。

（2）从历次资金流入都会有脉冲飙升走势来看：超大单资金流入在 A、B、C、D 位置出现，主力在局部时间段内强势控盘该股，使得股价出现加速涨停的情况。这种控盘在两年内都未停止，表明主力投资者利用超大单资金买入股票，收集到足够多的筹码。

（3）从高价区超大单推动价格飙升来看：股价飙升到 G 位置的价格高位以后，主力投资者短线洗盘，S 位置资金流出规模庞大，但是对价格回升趋势影响不大。当 E 和 F 位置出现超大单资金流入以后，J 位置的资金流入达到历史最高，股价从 Q 位置开始加速飙升。

总结：超大单资金长期增持以后，虽然股价累计涨幅还不大，但是主力投资者已经获得了足够多的筹码。此时，只要主力投资者打算拉升股价，就能够实现操盘目标。在此期间持股的投资者是幸运的，因为可以跟随主力投资者获得高收益。

8.3.2 超大单控盘拉升形态

主力投资者利用超大单买入股票并控盘，在超大单线高位运行期间，股价表现是比较强势的。超大单控盘时间越长，今后股价出现的涨幅可能就越大。历次超大单线短线回升，都能够推动价格明显回升。从交易机会来看，在超大单线短线回调期间，股价表现较弱势，为投资者提供了建仓机会。

形态特征解读：

（1）超大单线脉冲拉升：超大单线加速回升期间，即便回升时间较短，也体现了主力投资者的操盘意图。超大单线脉冲飙升，是主力投资者开始操盘的信号。

（2）超大单线高位运行：超大单线脉冲回升以后，大单线始终维持在高位运行，表明主力投资者长期控盘股票。

（3）横盘结束，股价飙升：当主力投资者长期控盘股票以后，超大单线始终在高位运行，表明主力投资者控盘节奏较好。股价在后期会加速上涨，体现了主力投资者长期控盘的结果。

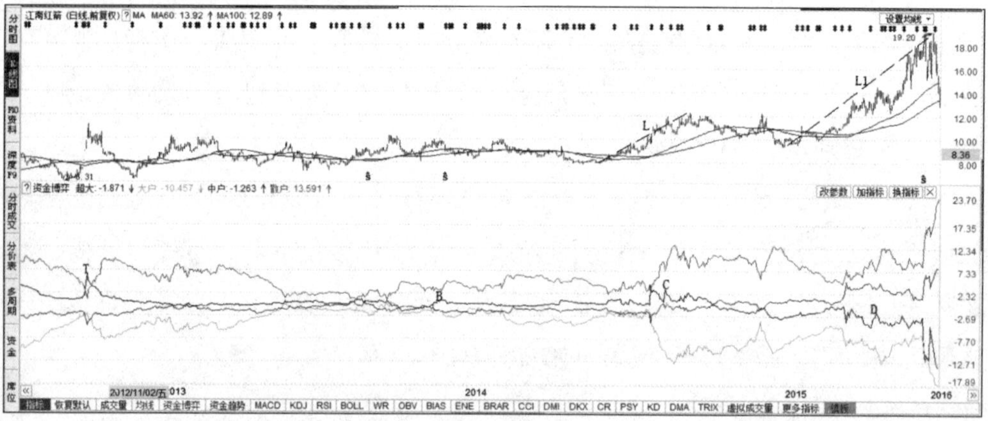

图 8-6 江南红箭日 K 线图

操作要领：

（1）从超大单线脉冲拉升来看：如图 8-6 所示，图中显示 T 位置超大单线快速回升，显示主力短线控盘意图明确。此时主力控盘拉升股价，价格出现加速涨停。

（2）从超大单线高位运行来看：超大单线高位运行期间，当到达 B 和 C 位置时，超大单线横盘已经长达两年。B 和 C 位置超大单线短线回升，表明主力的操盘力度加大。

（3）从横盘结束股价飙升来看：超大单线高位运行，表明主力投资者长期控盘。从 C 位置开始，股价进入 L 位置的强势回升阶段，涨幅达 50%。而在 D 位置超大单线继续表现强势的时候，股价在 L1 位置继续飙升，涨幅达 80%。

总结：在超大单线高位运行期间，股价并未大幅飙升，表明主力投资者正在寻求更好的时机来拉升股价。实战当中，当超大单线横盘时间足够长的时候，在主力拉升股价前，超大单线异动体现了主力的强势控盘能力。

第 9 式

筹码诀：筹码转移确认趋势延续

在筹码转移过程中，可以看到主力投资者的成本变化和交易方向，而股价波动则是筹码转移的推动因素。在筹码转移推动的价格上涨趋势中，通过确认筹码转移趋势，能够发现买入股票的机会。在价格下跌的过程中，只要准确判断筹码峰向下转移的起始点位，就可以把握好高抛卖点的时机。

本节主要介绍筹码主峰向上和向下转移的趋势、筹码峰之间的筹码转移趋势，投资者可以利用筹码转移来判断价格运行的方向，从而准确地买入和抛售股票。

9.1 筹码主峰向上转移趋势

从筹码主峰向上转移的趋势来看，如果筹码转移趋势得到加强，股价上行趋势也将得到延续，此时是确认买点和获取收益的阶段。股价上涨前筹码主峰规模较大，投资者的成本集中在筹码主峰位置。筹码向上转移是场外投资者高价进场的结果，提示持股投资者已经获取收益。

9.1.1 低位筹码主峰向上转移

股价在低价区触底回升以后，价格调整到位，这是股价即将走强的信号。如果股价正在突破短线调整的价格高位，筹码向上转移趋势得到确认，股价上涨前的买点依然存在。待低价区的筹码向上发散以后，可以看到股价进入显著的回升趋势。到那时，价格累计涨幅将不断扩大，投资者在此期间的盈利将快速扩大。

形态特征解读：

（1）股价在低价区调整到位：当股价从低价区企稳以后，可以看到调整形态出现在低价区，这是股价调整到位的信号。与此同时，低价区的筹码主峰形态也在这个时候出现。

（2）价格出现在高浮筹的价格顶部：当股价出现在高浮筹的价格顶部以后，浮筹指标 ASR 处于高位，验证了此前的判断，即价格达到筹码主峰位置。

（3）股价频繁从筹码主峰加速回升：在低价区股价首次从筹码主峰位置加速回升以后，价格上涨的走势得到延续。接下来，在价格回升的过程中，类似的股价从筹码主峰加速上涨的情况还会出现。

操作要领：

（1）从股价在低价区调整到位来看：如图 9–1 所示，股价从低价区两次反弹后达到 G 位置的价格高位。在调整形态的高价位处，可以看到股价已经处于突破的前期。

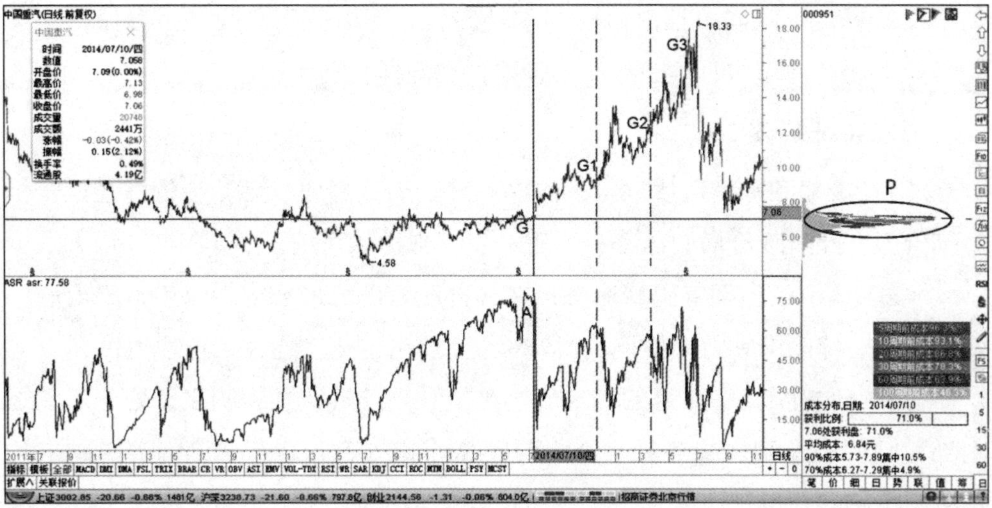

图 9-1　中国重汽日 K 线图

（2）从价格出现在高浮筹的价格顶部来看：当股价达到 G 位置的价格高位以后，浮筹指标回升到 A 位置的高位，表明价格处于高浮筹状态。同时 P 位置筹码峰达到单一的峰形，表明该股距离突破筹码主峰仅一步之遥。

（3）从股价频繁从筹码主峰加速回升来看：股价不仅在 G 位置加速回升，使得价格脱离筹码峰，而且在 G1 和 G2 位置持续飙升到更高价位。而 G1 和 G2 位置对应的浮筹指标也处于高位，这是价格脱离高浮筹区域的买点信号，同时预示筹码向价格高位转移的买点形成。

总结：当股价在低价区调整到位以后，出现筹码主峰形态，这是筹码向价格高位开始转移的信号。筹码规模较大，在价格上涨过程中，新的筹码峰还会继续向高价区转移，而筹码转移的过程便是投资者盈利的过程。

9.1.2　局部高位筹码主峰向上转移

价格从低价区回升以后，在相对高价区域，股价出现短时间的调整走势，调整期间出现筹码主峰形态。相对高价区的筹码主峰形态规模较大，是投资者不断短线买入与卖出造成的，同时也是筹码向上转移期间的典型低价买点。

如果投资者在筹码向价格高位转移前持股，就可以获得高收益。当然，如果在股价突破筹码峰的时候追涨买入股票，也同样有利可图。

形态特征解读：

（1）价格回升到短线高位：价格回升到短线高位以后，股价已经处于相对高价区。此时股价横向盘整，为进一步上涨提供可能。

（2）高价区出现筹码峰形态：在高价区筹码峰形态出现以后，股价已经调整到位。筹码峰即将向价格高位转移，股价上涨趋势也将得到加强。

（3）价格脱离高浮筹的相对价格高位：高浮筹状态表明股价处于筹码峰内部，股价进入回升趋势后，价格脱离高浮筹的筹码峰区域，为筹码向上转移和上涨趋势提供了可能。

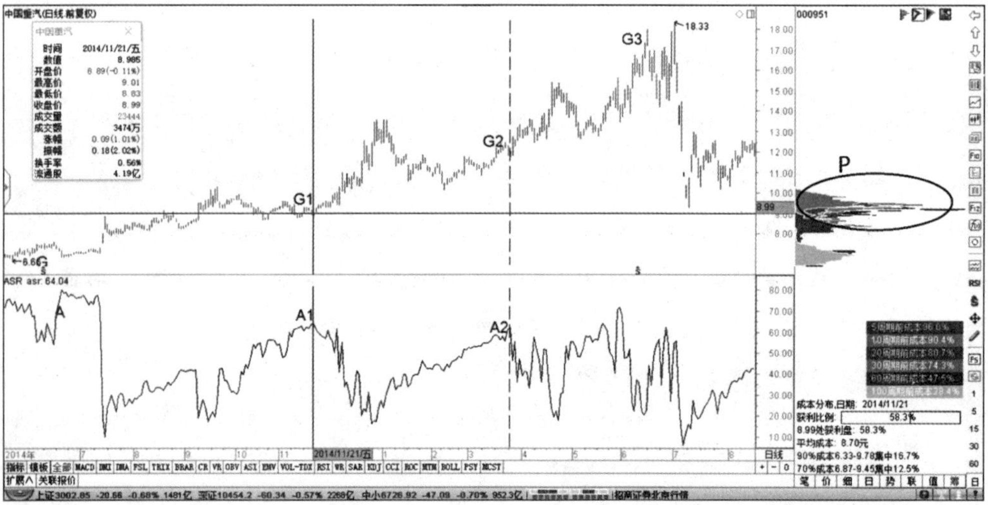

图 9-2　中国重汽日 K 线图

操作要领：

（1）从价格回升到短线高位来看：如图 9-2 所示，A 位置的浮筹指标 ASR 已经运行到高位，接下来股价回升到高价区 G1 位置，同时浮筹指标达到 A1 位置。

（2）从高价区出现筹码峰形态来看：股价回升到G1位置的价格高位以后，同时高价区出现筹码主峰P。在价格回升期间，P位置的筹码峰向价格高位转移，股价经历了从G1到G2位置的回升走势。

（3）从价格脱离高浮筹的价格高位来看：图中A1和A2位置的浮筹达到短线高位，股价也在G1和G2位置完成启动动作。在高浮筹状态下，股价从筹码主峰位置加速回升。在筹码转移期间，价格涨幅较大，投资者盈利空间扩大。

总结：高浮筹状态下，股价处于筹码峰对应的价格区间。此时，价格加速上涨是筹码向上发散的过程。当筹码发散和股价上涨同步进行时，持股投资者已经获取了丰厚的利润。

9.2　筹码主峰向下转移趋势

从筹码主峰向下转移的趋势来看，筹码转移趋势得到加强，股价下跌趋势也将得到延续，此时是确认卖出、减少损失的阶段。股价下跌前的筹码主峰规模较大，投资者的成本集中在筹码主峰位置。筹码向下转移是场内投资者高价抛售的结果，提示持股投资者已经可以卖掉股票了。

9.2.1　高位筹码主峰向下转移

在高价区股价见顶回落以后，价格结束调整走势，这是股价即将下跌的信号。如果股价正在跌破调整的主筹码峰，筹码向下转移的趋势将得到确认，股价下跌前的卖点依然存在。等到低价区的筹码向下发散以后，可以看到股价进入显著的下跌趋势。到那时，价格累计跌幅将不断扩大，投资者在此期间的亏损也会增加。

形态特征解读：

（1）股价首次回调期间浮筹指标反弹：股价在高价区小幅回调，但是浮筹指标ASR已经达到比较高的位置，提示股价处于高浮筹的主峰筹码内部。

（2）股价二次下跌期间浮筹指标回抽：当股价二次下跌以后，浮筹指标

ASR 回抽，表明即使在价格下跌趋势出现以后，浮筹指标也不可能回到最高数值。此时筹码向下转移的趋势得到加强，股价下跌趋势将会出现。

（3）浮筹触底，股价大跌：浮筹指标 ASR 大跌以后，股价显著回落，股价完全处于低浮筹状态，表明筹码向下转移达到阶段性行情的尾声。

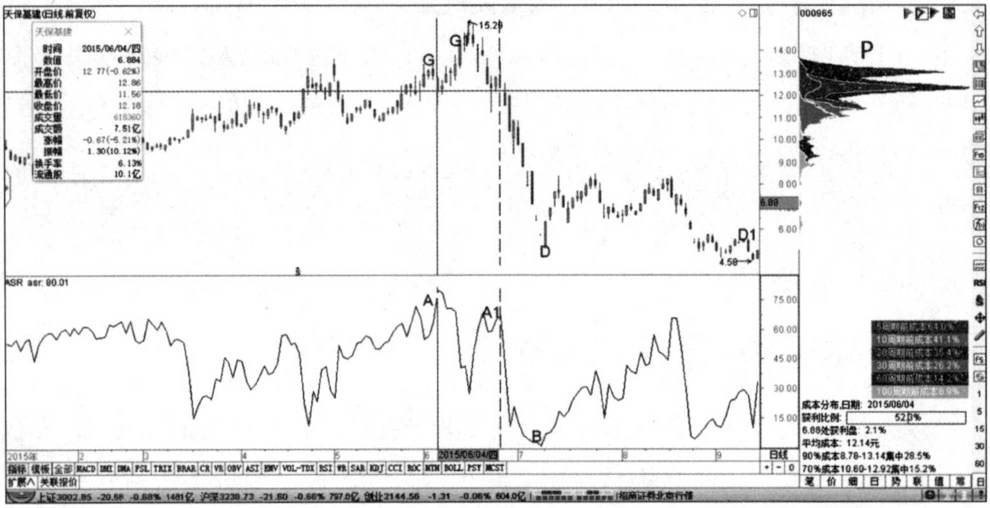

图 9–3　天保基建日 K 线图

操作要领：

（1）从股价首次回调期间浮筹指标反弹来看：如图 9–3 所示，可以看到股价在 G 位置短线回调空间较小，但是浮筹指标 ASR 达到 A 位置的最高数值，显示了价格处于筹码峰内部的特征。

（2）从股价二次下跌期间浮筹指标回抽来看：当股价二次下跌的时候，股价从 G1 位置下跌，浮筹指标只是回抽到 A1 位置，表明股价正在脱离高价区的筹码主峰，下跌趋势正在形成。

（3）从浮筹触底、股价大跌来看：浮筹指标在 B 位置深度回调以后，股价已经远离高浮筹的价格高位。此时筹码向下转移的趋势短线趋缓，该股出现反弹走势。此次反弹强度不大，新的收盘价低点在 D1 位置形成。

总结：当股价进入下跌趋势以后，在高价区下跌期间，股价首先会跌破筹码主峰。此时抛售压力大幅增加，浮筹指标 ASR 开始回落，提示投资者减少持股的机会出现。浮筹指标 ASR 向下回落，表明筹码向低价区转移的趋势正在形成。

9.2.2　下跌期间筹码主峰向下转移

价格从高价区回落以后，很快进入下跌阶段。在价格下跌的过程中，不久出现技术性反弹。股价反弹持续时间较短，反弹后在相对高位出现筹码主峰形态。与顶部的筹码主峰形态相比，价格反弹的高位筹码峰规模要小一些，但依然是抛售压力比较大的价格区间。当筹码从短线价格高位向低价区转移后，能够看到股价的下跌趋势开始出现。

形态特征解读：

（1）股价高位见顶回落：当股价从高位回落以后，能够看到股价出现下跌趋势。

（2）技术性反弹后出现筹码主峰形态：当下跌趋势中股价出现技术性反弹以后，价格反弹的相对高位出现盘整走势。价格盘整期间，出现筹码主峰形态。

（3）筹码向下转移的下跌趋势延续：股价跌破筹码主峰，主峰筹码向价格低位转移，下跌趋势得到延续。

操作要领：

（1）从股价高位见顶回落来看：如图 9–4 所示，股价从 G1 位置开始见顶回落，可以看到该股随后出现了连续暴跌的走势，短线跌幅达 –40%，下跌趋势已经形成。

（2）从技术性反弹后出现筹码主峰形态来看：在股价反弹到 G2 位置的价格高位后，该股在短线高位进行了一段时间的盘整，盘整结束后，浮筹指标 ASR 达到 A2 位置的典型高位，同时在 P 位置出现筹码主峰形态，这是该股新一轮下跌的起始形态。

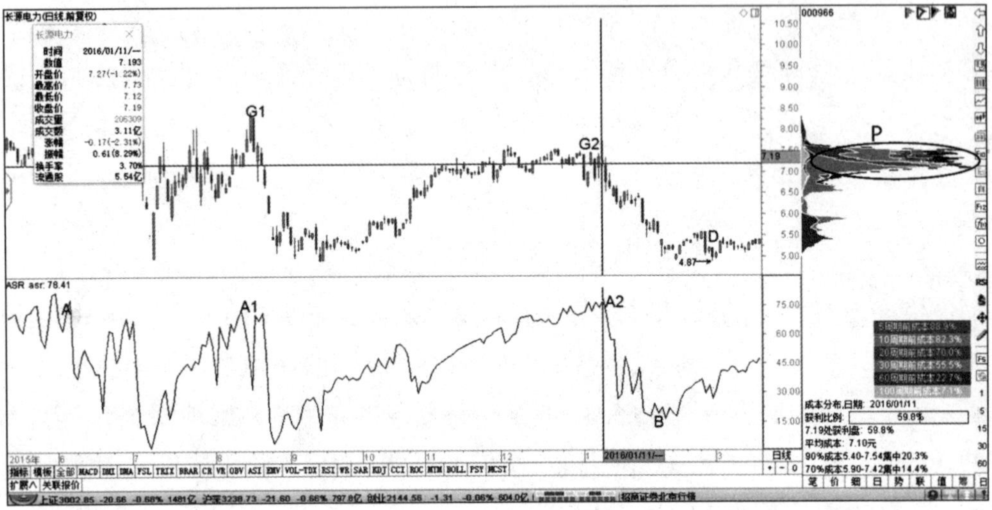

图 9-4　长源电力日 K 线图

（3）从筹码向下转移的下跌趋势延续来看：股价在 G2 位置调整结束以后，P 位置筹码主峰向价格低位转移，该股出现新一轮的下跌。浮筹指标从 A2 回调到 B 位置期间，跌幅达 -30%。

总结：进入下跌趋势以后，股价在技术性反弹过程中还会出现新的筹码峰形态。筹码峰位置的筹码向低价区转移，股价下跌趋势得以延续。从交易机会来看，筹码向低价区转移前的卖点不容忽视。

9.3　筹码峰之间的筹码转移趋势

在股价即将进入单边趋势时，可以看到筹码双峰形态已经出现。如果股价达到筹码双峰之间的价格区间，将面临两个筹码峰的阻力。上方筹码峰是股价上涨的阻力价位，下方筹码峰则是股价下跌的支撑价位。这样，在未来的一段时间里，股价将不可避免地形成双向震荡走势。

9.3.1　筹码双峰形态

股价从高价区回落以后，虽然跌幅较大，但是在量能萎缩期间，价格高位的筹码并未完全转移到价格低位。低价区股价经历一段时间的调整后，低位出现筹码峰形态，这是股价开始反弹的支撑形态。当股价达到筹码峰之间的价格后，投资者将面临高位筹码峰的抛售压力。只有筹码向筹码峰之间转移后，抛售压力才能减轻，股价才能延续回升趋势。筹码向两个筹码峰之间转移的过程，也是股价双向震荡的过程。

形态特征解读：

（1）股价经历暴跌走势：当股价经历了暴跌走势以后，可以看到价格短时间内下跌空间较大，筹码也明显向价格低位转移。

（2）低位股价缩量反弹：从低价区开始，股价出现了技术性反弹走势，但是成交量不大，价格涨幅明显受限。

（3）出现筹码双峰形态：低价区出现反弹走势以后，可以看到低价区也出现筹码峰形态。股价大幅回升前，低价区和高价区形成双筹码峰形态。

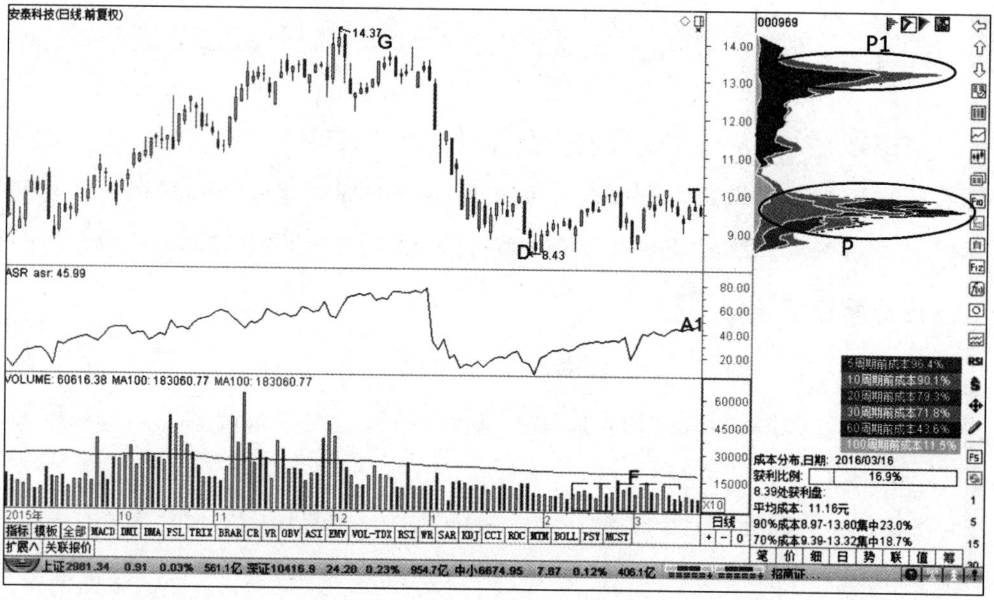

图 9-5　安泰科技日 K 线图

操作要领：

（1）从股价经历暴跌走势来看：如图 9-5 所示，股价从 G 位置的高位开始下跌以来，下跌幅度达 -40%，收盘价达到 D 位置的低位。

（2）从低位股价缩量反弹来看：当收盘价达到 D 位置的价格低点以后，可以看到 F 位置成交量小幅放大，随后股价反弹至 T 位置的价格高位。此时，浮筹指标回升到 A1 位置，但浮筹指标数值还不是很高。

（3）从出现筹码双峰形态来看：在浮筹指标 ASR 数值还不是很高的时候，图中 P 位置的低价筹码峰规模增加，同时高价区 P1 位置的筹码峰依然存在，出现筹码双峰并存的情况。

总结：股价在低价区企稳以后，筹码双峰形态并存，而筹码峰之间的空缺区域则是在股价震荡运行期间形成的。价格达到筹码双峰之间时，将会出现双向震荡。

9.3.2 筹码峰填谷形态

当股价在低价区企稳以后，低价区盘整形态成为股价加速上涨的起始形态。从盘整形态开始启动后，股价将出现明显的飙升走势。如果投资者在低价区筹码峰对应的价位买入股票，在股价走强的过程中，可以看到股价在低位筹码峰和高位筹码峰之间震荡。双向震荡的情况将持续一段时间，直到筹码峰之间的空缺区域明显存在筹码以后，价格才重归回升趋势。

形态特征解读：

（1）股价反弹到高位筹码峰附近：当股价进入回升趋势以后，价格涨幅不断扩大，收盘价格达到高位筹码峰附近。同时，股价也遇到了高位筹码峰的强抛售压力。

（2）浮筹指标回升到高位：当浮筹指标回升到高位以后，可以看到股价在筹码双峰之间的震荡结束，更多的筹码转移到双筹码峰之间的区域，相应地，价格在局部存在进一步上涨的基础。

（3）股价脱离高价区筹码峰：筹码双峰之间填充进足够多的筹码以后，价格以高位筹码峰为起始点，开始加速上涨。

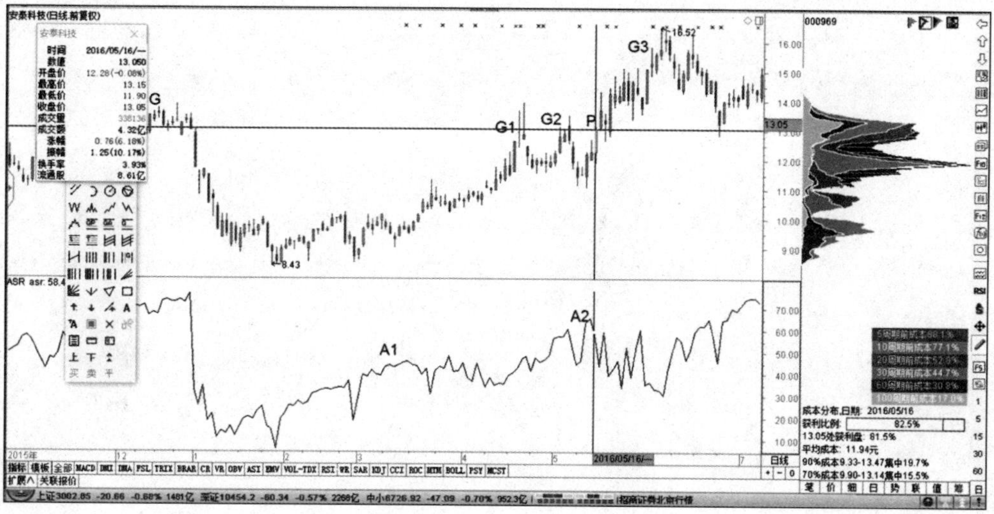

图 9-6　安泰科技日 K 线图

操作要领：

（1）从股价反弹到高位筹码峰附近来看：如图 9-6 所示，当股价强势反弹以后，技术性反弹期间，股价达到 G1 位置的价格高位。但是 G1 位置对应着高位筹码峰，因此短线上涨遇到的阻力较强。此时股价双向震荡，股价在 G1 和 G2 位置都出现了高位回调的走势。

（2）从浮筹指标回升到高位来看：当股价反弹至 P 位置时，浮筹指标回升到 A2 位置的高位。这个时候 G3 位置的筹码规模增加，表明双筹码峰之间的空缺已经被新的筹码填满。

（3）从股价脱离高价区筹码峰来看：从 P 位置开始，股价进一步回升，价格脱离了高浮筹区域 A2，该股上涨空间进一步扩大到 G3 位置。

总结：在价格回升过程中，虽然筹码双峰之间存在较大的上行阻力，但是经过双向震荡以后，股价还是会脱离高价区的压力位。这是因为筹码双峰之间已经积累了大量筹码，这部分筹码为价格上涨提供了强力支撑。

第 10 式
主力诀：主力操盘应对策略

在股价运行期间，非常明显的价格涨跌是主力投资者操盘的结果。了解主力的操盘特征非常重要，可以帮助投资者高效获取单边趋势的盈利机会，提升盈利空间。主力的操盘过程比较复杂，典型的建仓、洗盘、拉升和出货都会出现。投资者要想掌握交易机会，必须要对这些过程有深入的了解，才能准确地把握买点和卖点。

本节主要介绍主力投资者不同操盘阶段的价格形态，依据股价形态来判断主力投资者的操盘阶段和交易方向，以达到事半功倍的效果。

10.1 放量建仓买入形态

在主力操盘过程中，建仓是首要的动作。主力投资者要想获得收益，必须收集到足够数量的低价筹码，才能在价格上涨的过程中盈利。主力建仓期间，量能放大是典型的表现，也是投资者确认主力建仓和买入股票的信号。不管是密集放量的建仓还是突然放量的建仓，都是主力投资者快速收集筹码的信号。

10.1.1 密集放量买入形态

当成交量出现了密集放大的情况以后，可以看到股价会出现连续上涨的走势。密集放大的量能越大，股价表现越强势。当成交量显著超越 100 日等量线以后，主力强势扫货结束，价格出现冲高回落的走势。密集放量的情况出现在低价区，经过多次密集放量以后，主力已经控制了足够多的低价筹码。价格继续回升以后，主力再拉升一段股价，就可以轻松获取利润。密集放量的过程，是主力建仓操盘的结果，恰好也是投资者跟随主力投资者买入股票的时机。

形态特征解读：

（1）低价区出现密集放量回升走势：首次出现低价区密集放量以后，可以看到主力投资者正在快速获取筹码，价格在一段时间里表现抢眼，提示大家主力投资者正在建仓。

（2）时隔一年再次出现密集放量：时隔一年以后，密集放量的情形再次出现，表明主力投资者又一次大量买入股票，使得筹码向主力投资者转移，股价在低价区调整充分。

（3）长时间出现密集放量：经过两次明显的密集放量以后，主力投资者获取了大量廉价筹码。此时，主力投资者在高价区继续放量买入，使得筹码进一步向主力转移。

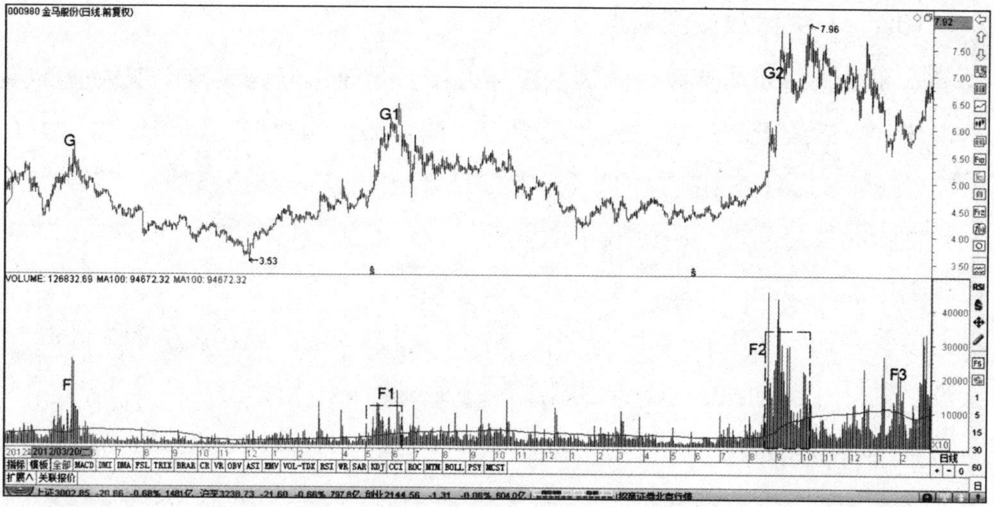

图 10-1　金马股份（现为“众泰汽车”）日 K 线图

操作要领：

（1）从低价区出现密集放量回升走势来看：如图 10-1 所示，图中 F 位置的成交量密集放大，量能明显达到 100 日等量线上方，期间股价明显出现反弹走势，这是主力投资者首次大力收集筹码的表现。

（2）从时隔一年再次出现密集放量来看：时隔一年，图中 F1 位置又一次出现密集放量形态，股价连续飙升到 G1 位置，涨幅超过 50%。F1 位置密集放量后，可以看到脉冲放量的量能经常出现，表明主力介入该股更深。

（3）从出现长时间密集放量来看：F2 位置的密集放量达到天量状态，这是不同于 F 和 F1 位置的超高量能，股价更是飙升到 G2 位置，短期内股价涨幅高达 100%。后期量能依然在 F3 位置放大，提示高量能状态已经成为常态，该股主力的操盘力度增强。

总结：低价区密集放量期间，主力投资者的收集动作持续增强，建仓迹象明显。主力在低价区吸筹的时间较长，后期放量拉升股价，是从充分吸筹后开始的。考虑到股价涨幅很大，如果投资者关注该股的买点，还是存在很大的盈利空间的。

10.1.2 突然放量买入形态

当成交量出现突然放大的情况以后，投资者可以看到股价出现快速反弹的走势。突然放大的量能越高，股价表现越强势。如果成交量能够达到100日等量线的3倍甚至更高，主力介入的信号会更加显著。当价格冲高回落以后，主力在脉冲放量的情况下完成了建仓动作。脉冲放量持续的时间较短，但是在超高量能出现期间，主力投资者获取的筹码并不少。这样一来，短时间内主力投资者即可集中完成建仓任务。被主力投资者控盘后，股价的上涨潜力会被释放，已经持股的投资者后期会有超高的收益空间。

形态特征解读：

（1）股价经历长期熊市：当股价经历了漫长的熊市以后，价格下跌空间较大，股价调整足够充分，这是主力建仓的机会。

（2）低价区出现脉冲天量：低价区出现天量成交期间，股价强势脉冲反弹，这是主力投资者集中建仓的信号。虽然脉冲放量持续时间较短，却成为股价企稳的重要低价区形态。

（3）集中出现脉冲天量：当脉冲天量量能集中出现在低价区以后，可以看到主力投资者介入频率明显增加，并且动用资金增多，股价也随之大幅度飙升。

操作要领：

（1）从股价经历长期熊市来看：如图10–2所示，可以看到股价在F位置显著放量前，该股已经有两年时间持续下跌，股价跌幅达–40%，可以说调整已经非常充分。

（2）从低价区出现脉冲天量来看：F位置的脉冲天量量能较大，是典型的瞬间放量的天量量能状态，主力投资者在此期间吸筹动作明显，该股走势表现也非常抢眼。

（3）从集中出现脉冲天量来看：低价区的脉冲天量出现在T、T1和T2位置，股价从D位置的低价区反弹以后，短线涨幅达50%。超高量能密集出现，本身就表明主力正在低价抢筹，预示该股今后还有较大的上升空间。

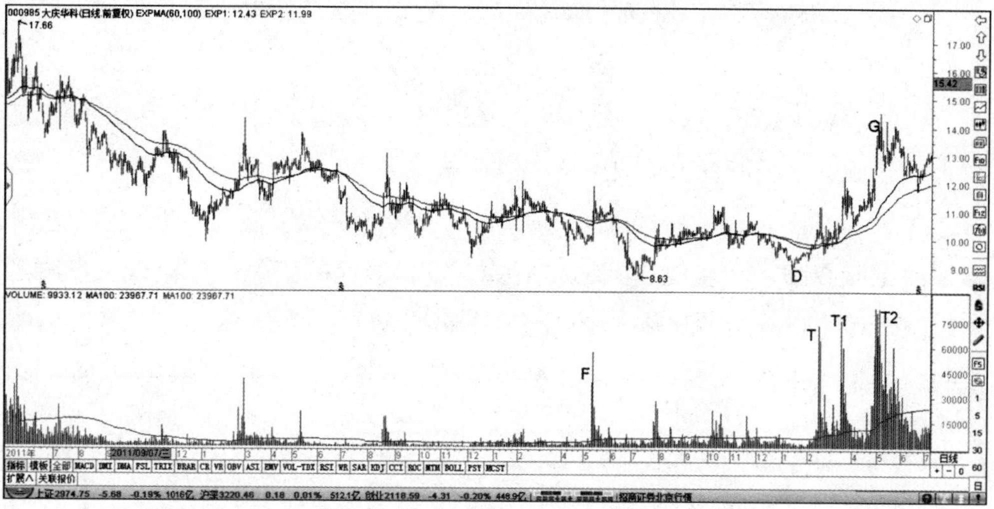

图 10-2　大庆华科日 K 线图

总结：在低价区出现天量量能期间，主力投资者已经在抢筹。当筹码向主力投资者集中以后，主力控盘状态下，股价上涨趋势会得到加强，这是投资者今后获得高收益的机会。

10.2　洗盘打压增持形态

打压股价是主力投资者完成洗盘动作的重要手段，只有充分限制价格涨幅，才能更好地拉升股价。主力投资者在洗盘期间不会大量出货，但是会在缩量状态下抛售股票，限制股价涨幅，这样能够促使持股不坚定的投资者卖掉股票，减少后期拉升股价时的抛售压力。

10.2.1　大阴线洗盘打压形态

大阴线出现在价格低位，虽然股价下跌力度不大，但是大阴线对投资者的心理影响较大，会促使一部分投资者抛售股票。如果散户投资者抛售股票，那么主力就达到了洗盘目的。大阴线以后股价缩量回调，价格距离真实的底部已经不远，低价区依然是散户投资者抄底买入的机会。

形态特征解读：

（1）股价短线高位见顶：股价短线高位见顶以后，开始弱势震荡下跌。虽然股价连续走低，但是累计跌幅并不大。

（2）缩量大阴线提示主力洗盘：当出现缩量大阴线以后，股价跌幅迅速扩大，这是主力投资者比较典型的洗盘形态。

（3）股价回调有限，表明股价触底：出现大阴线以后，股价继续下跌，但下跌空间有限。在量能达到地量的情况下，真实的股价底部出现。摆脱地量底部以后，股价企稳回升，随后涨幅迅速扩大。

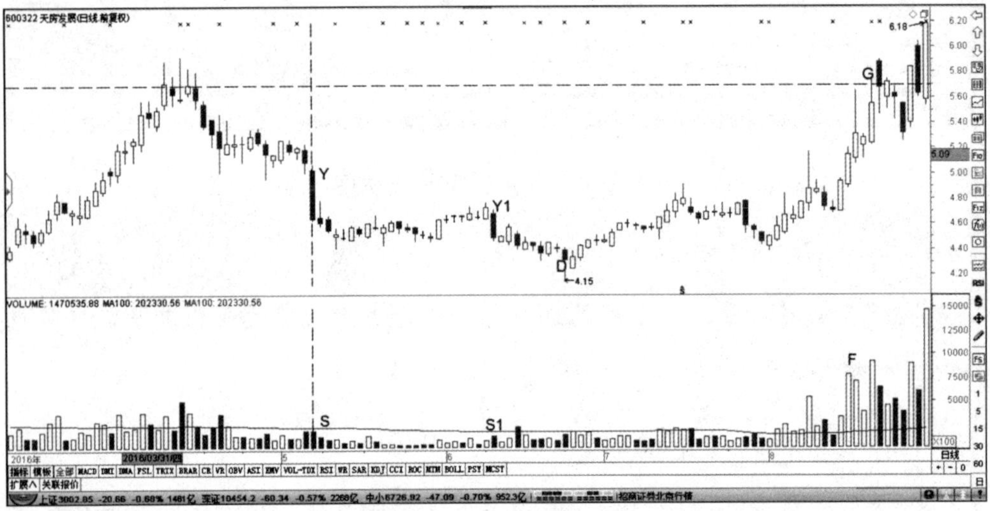

图10-3　天房发展日K线图

操作要领：

（1）从股价短线高位见顶来看：如图10-3所示，股价见顶以后回落，很快达到Y位置大阴线的上方。股价跌幅不大，但是表现还是比较弱势。

（2）从缩量大阴线提示主力洗盘来看：连续弱势回调以后，Y位置出现大阴线形态，这是一次比较典型的洗盘动作。量能在S位置没有达到100日等量线，表明主力投资者的洗盘动作中抛售的股票数量并不多。

（3）从回调幅度有限、股价触底来看：出现大阴线形态以后，价格回调幅度有限，量能在 Y1 位置出现中阴线形态。虽然价格下跌到 D 位置，但是跌幅不大。S 和 S1 之间已经出现地量量能。S1 位置的量能小幅回升以后，Y1 位置是主力投资者最后一次小幅度洗盘。后期股价企稳后飙升到 G 位置，并且 F 位置显著放量，这是主力投资者成功洗盘后大幅拉升的结果。

总结：当股价本身已经进入低价区以后，主力投资者打压股价，造成大阴线形态，这种形态是股价即将触底的信号。洗盘结束后，放量拉升股价才体现了主力投资者的真正意图。

10.2.2　连续缩量回调打压形态

如果主力投资者打压股价，那么价格的短期表现会非常弱势。主力投资者缩量打压股价期间，不会有任何拉升行为出现。对于持股不坚定的散户投资者来讲，缩量弱势下跌最能考验持股耐心。随着股价跌幅不断扩大，可以看到成交量的萎缩趋势得以延续，股价没有出现有效涨幅。如果投资者打算在短期内盈利，根本无法实现，主力投资者不会提供这样的买点，因此投资者只能在股价缩量回调期间减仓或者持股观望。

形态特征解读：

（1）股价高位见顶：股价高位见顶以后，在缩量下跌的过程中，股价跌幅快速扩大。

（2）低价区股价缩量反弹：在低价区股价出现技术性反弹，但是量能有限，股价涨幅也很有限，基本延续下跌趋势。

（3）缩量洗盘，下跌长时间延续：当股价继续缩量下跌的时候，可以看到量能持续低于 100 日等量线，股价的下跌趋势短时间内都无法结束。量能达到地量，当 RSI 指标出现反转形态的时候，股价才真正触底。

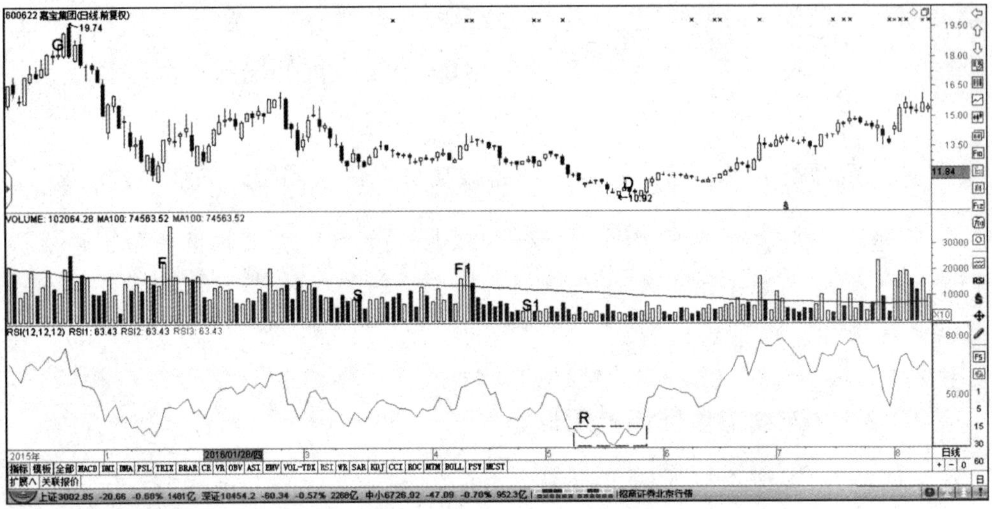

图 10-4　嘉宝集团日 K 线图

操作要领：

（1）从股价高位见顶来看：如图 10-4 所示，股价在 G 位置见顶以后，可以看到成交量低于 100 日等量线，股价短线跌幅很快扩大。

（2）从低价区股价缩量反弹来看：F 位置的放量时间较短，股价出现了技术性反弹走势。限于股价下跌趋势明显，该股反弹空间并不大。

（3）从缩量下跌长时间延续来看：股价继续缩量下跌，S 位置的量能更低，股价在 F1 位置短线放量，股价反弹幅度有限。低价区 S1 位置量能更低，表明下跌尚未结束。R 位置 RSI 指标形态提示股价在 D 位置触底。

总结：在缩量下跌状态下，股价下跌空间虽然有限，但是持续时间较长，这完全是主力投资者不打算拉升股价，采取了弱势洗盘调整策略导致的结果。等到洗盘动作结束后，股价缩量触底时，依然会有建仓机会出现。

10.3　突破筹码峰拉升加仓形态

股价强势突破筹码峰的时候，持股投资者将很快扩大收益。价格突破筹码峰的力度越大，相应地，持股投资者获利的速度也更快。如果价格回升趋势得到延续，持股投资者的盈利空间将继续扩大。判断股价突破筹码峰的力度，可以使用 CYQKL 指标和浮筹指标 ASR。

10.3.1　涨停阳线突破筹码峰形态

涨停阳线出现在典型的压力位，表明可以轻松突破阻力区。实战当中可以看到，在股价结束调整走势以后，会出现加速上涨的情况。股价加速回升期间，就会出现典型的买点。确认涨停阳线的突破效果，可以使用 CYQKL 指标，该指标描述了股价突破筹码的规模。当数值超过 30 时，表示股价有效突破了更多的筹码，价格惯性上冲的概率大幅提升。通过确认 CYQKL 数值加速回升，投资者能够看到股价突破阻力位时的买点。

形态特征解读：

（1）量能接近 100 日等量线：当成交量接近 100 日等量线以后，价格表现相对强势，此时股价活跃度相对较高。

（2）股价弱势回调：在成交量维持相对较高水平时，股价虽然回调，但是下跌幅度会受到抑制。弱势调整时间不长，股价活跃度不会明显降低，这也为股价进一步上涨提供了可能。

（3）跳空阳线提示股价走强：跳空阳线提示股价走强，特别是阳线出现之时，如果 CYQKL 数值也随之飙涨，投资者可以认为股价已经进入局部行情的强势状态。

操作要领：

（1）从量能接近 100 日等量线来看：如图 10–5 所示，当股价从 G 位置下跌后，在 F 位置放量前，可以看到量能维持在 100 日等量线附近，量能并未明显萎缩，显示该股的活跃度维持在相对高位。

（2）从股价弱势回调来看：当股价弱势回调以后，股价从 G 位置震荡回落，该股在 1 个月里短线回调 –20%，并未明显改变价格的强弱状况。

（3）从跳空阳线提示股价走强来看：低价区股价下跌到位，F 位置的量能达到 100 日等量线，CYQKL 数值已经飙升到 C 位置的数值高位。CYQKL

数值为 36，表明 Y 位置的大阳线突破有效。在接下来的交易日，该股继续这种强势上攻状态，局部行情中股价飙升至 G1 位置的高位，涨幅超过 60%。

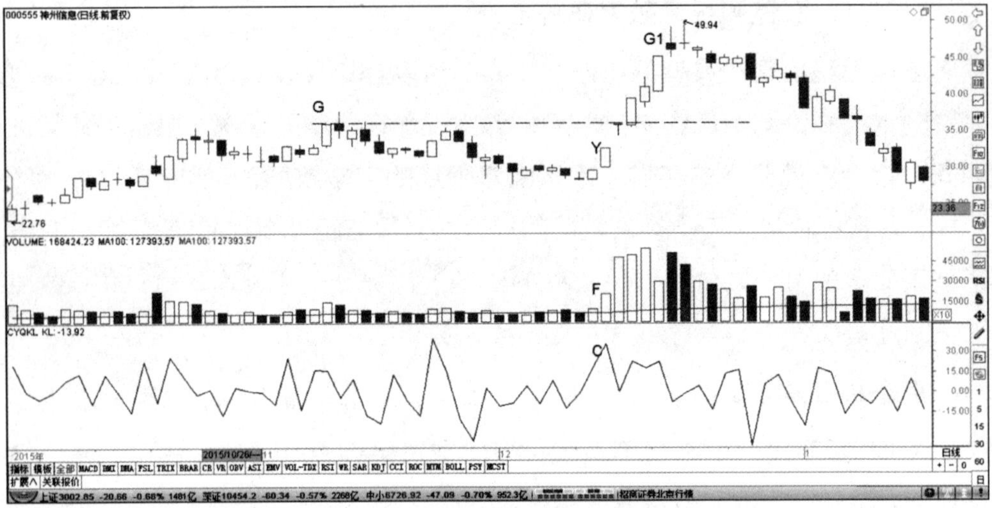

图 10-5　神州信息日 K 线图

总结：在大阳线有效突破了筹码阻力区以后，CYQKL 数值超过 30，提醒投资者价格已经突破了筹码峰，发出买点信号。随着突破的完成，局部行情中投资者盈利空间扩大。

10.3.2　一字涨停突破筹码峰形态

出现一字涨停板期间，股价可以很快突破筹码峰，相应地，价格获得了一字线的缺口支撑，开始加速上涨。通常来说，一字线都出现在典型的压力价位处，是价格突破压力位的重要标志。随着股价出现突破，比较有效的持股机会得到确认。在浮筹指标 ASR 从高位回调期间，投资者可以确认价格突破信号。当浮筹指标 ASR 从 90 以上的高位回调下来时，价格就已经达到筹码峰上方，提示投资者股价开始走强。

形态特征解读：

（1）价格在高位横向盘整：当股价在高价区横向盘整较长时间以后，股价整理到位，相应地，浮筹指标 ASR 持续回升到高位 90 附近，提示出现筹码主峰形态。

（2）浮筹指标 ASR 大幅回调：当浮筹指标 ASR 大幅度回调以后，股价显著突破筹码峰，提示出现典型的买点机会。

（3）跳空一字板缺口提示股价走强：出现跳空上涨的一字板以后，股价明显突破了盘整形态，并且达到筹码峰上方。此时，持股投资者已经快速获得收益，股价的上涨趋势也得到了加强。

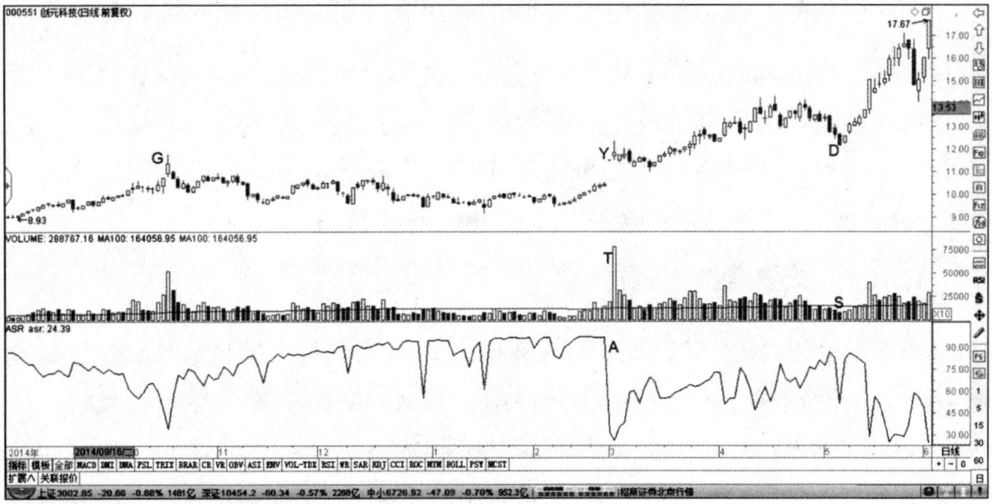

图 10-6 创元科技日 K 线图

操作要领：

（1）从价格在高位横向盘整来看：如图 10-6 所示，当股价达到 G 位置的收盘价高位以后，该股在之后的 3 个月里出现横向盘整，盘整时间较长。

（2）从浮筹指标 ASR 大幅回调来看：在股价横向运行期间，股价波动空间不大，浮筹指标显著回升到 A 位置高位，并且已经稳定在 90 上方。此时，股价已经处于高浮筹价格区间。

（3）从跳空一字板缺口提示股价走强来看：股价在 Y 位置出现一字涨停板，随即出现跳空上涨缺口。与此同时，浮筹指标 ASR 从 A 位置快速回调，提示价格已经突破了筹码峰，达到高浮筹的价格上方。股价回调到D位置，S位置的缩量底部提示买点。

总结：盘整时间越长，价格横向运行期间的筹码集中度越高。此时，股价放量突破筹码峰，价格脱离高浮筹的价格区域，这是持股投资者快速盈利的信号，预示着股价将加速上涨。

10.4 出货减仓形态

主力出货时，通常都是已经获得了高回报。在牛市行情末期，是主力出货的重要时段。局部反弹走势中，股价短线走强以后，也为投资者提供了减仓的机会。出货期间量能放大，成交量可以达到天量量能状态，这是主力投资者大量卖掉股票的信号。判断主力开始出货以后，投资者也应作出相应的减仓交易动作，这样才能避免股价下跌期间的亏损。

10.4.1 天量震荡出货形态

量能在股价反弹期间达到天量量能状态，天量放量是主力诱多出货的重要形式。股价短线表现强势，能够吸引一大批追涨的投资者买入股票。在股价涨停的情况下，更多的投资者并没有成功买入股票，只能在接下来的交易日中继续买入股票，使得主力投资者有机会在价格高位大量出逃。在天量量能状态下，股价冲高回落，收盘期间出现阴线形态，提示投资者高抛卖点。

形态特征解读：

（1）股价在高位脉冲见顶：在价格高位出现脉冲顶部形态以后，可以看到股价进入缩量下跌状态。随着下跌趋势延续，股价跌幅很快扩大。

（2）价格超跌后出现涨停反弹：涨停反弹是股价走强的重要信号，也是股价加速上涨和主力出货的机会。在价格高位状态下，散户投资者会大量追涨买入股票。

（3）顶部天量阴线提示主力出货：散户投资者追涨买入，主力趁机卖掉大量股票，促使出现天量阴线形态，这成为主力出货的标志性形态。

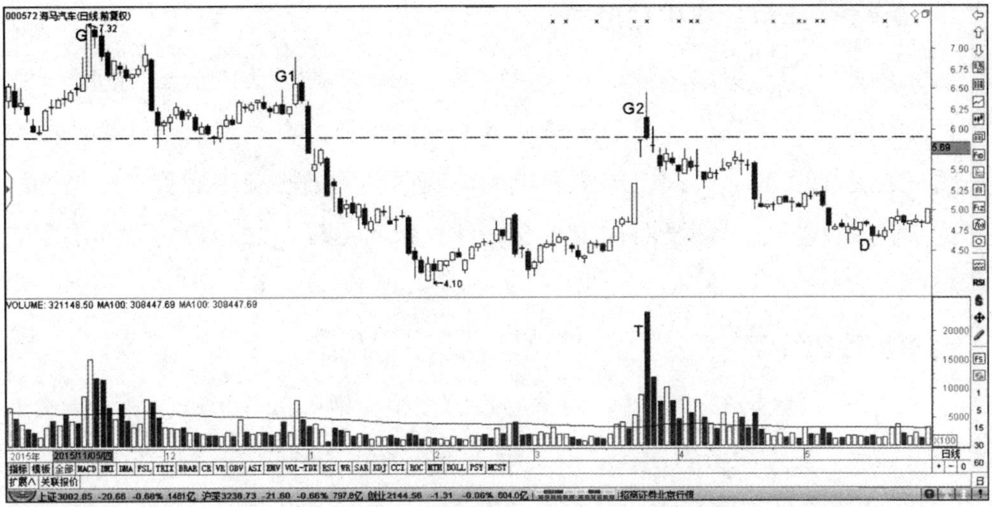

图 10-7　海马汽车日 K 线图

操作要领：

（1）从股价高位脉冲见顶来看：如图 10-7 所示，脉冲放量见顶的情况出现在 G 位置，同时也在 G1 位置的相对高位出现。之后，该股显著缩量下跌，从 G 位置开始的跌幅达 –35%。

（2）从价格超跌后出现涨停反弹来看：该股在低价区的 4 元上方触底以后，进入反弹阶段。在图中 G2 位置出现大阴线前，该股 T 字形态的涨停板提示股价走强。

（3）从顶部天量阴线提示主力出货来看：图中 T 位置量能达到天量状态，这种量能是价格反弹前量能的 8 倍，体现了主力投资者集中出货的意图。G2 位置冲高回落收阴线是主力出货基本完成时的顶部形态。

总结：主力投资者集中出逃以后，典型的股价顶部反转形态可以得到确认。没有比天量量能出逃效率更高的了，由此可见，天量顶部提示的价格反转意义重大。

10.4.2 集中放量出货形态

集中放量卖出股票的情况与天量顶部有很大不同。集中放量期间，一段时间里量能维持在高位，主力出货持续的时间较长，并且是以连续卖出股票的形式出逃的。这样看来，集中出货的情况更容易被投资者发现。一旦确认主力有出逃意图，必须及时作出减仓动作，只有这样，才能应对后面出现的价格下跌走势。

形态特征解读：

（1）股价经历加速回升阶段：当股价在牛市期间加速上涨以后，股价上涨空间较大，主力投资者已经获得了足够多的盈利，此时恰好是出货的时机。

（2）高价区量能放大：高价区量能放大以后，股价震荡加剧，但是并未出现明显的上涨，提示投资者主力已经有出货的动作。

（3）股价震荡下跌提示主力出货：当短线的放量震荡完成以后，股价收盘价出现下跌的情况，这是主力加速出逃的结果，同时也是高价区的减仓信号。

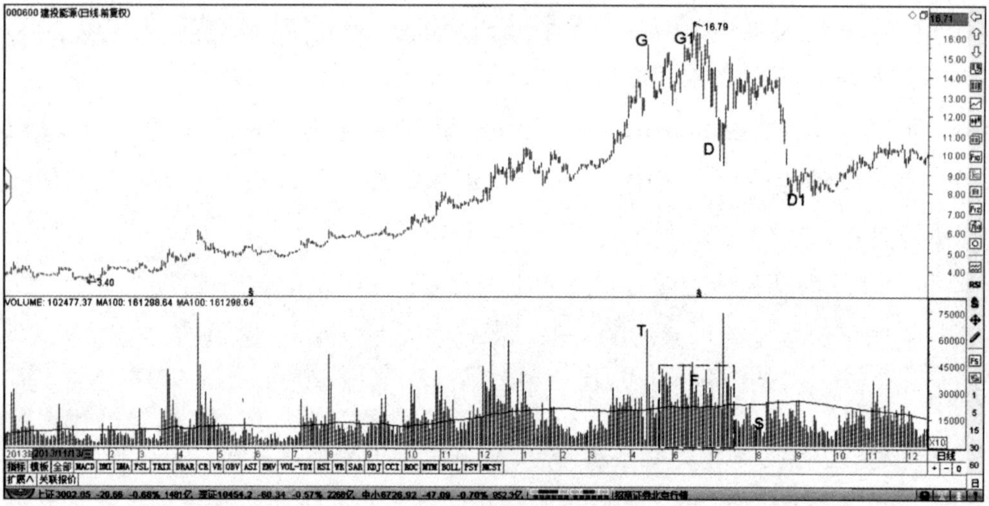

图 10-8 建投能源日 K 线图

操作要领：

（1）从股价经历加速回升阶段来看：如图 10–8 所示，股价一字涨停板后接近 G 位置的价格高位，该股已经实现累计 300% 的涨幅，显然，主力投资者有足够的动机在高位卖掉股票。

（2）从高价区量能放大来看：在 T 位置出现天量量能期间，该股已经走出天量顶部形态。接下来 F 位置的量能继续维持在高位，股价在 G1 位置出现了震荡的顶部形态，这是一种主力放量出货的震荡形态。

（3）从股价震荡下跌提示主力出货来看：股价震荡的结果是价格加速回落到低价区 D 位置。从高位下跌 –40%，表明该股已经成功见顶。当股价结束反弹走势以后，量能在 S 位置萎缩，提示后期将会继续形成新低。

总结：高价区天量量能提示了股价顶部形态，而且量能维持在高位，主力可以有足够的时间完成出货动作。当主力真正完成了出货任务以后，股价随之出现暴跌走势，验证了没有主力控盘情况下股价会维持下跌趋势的结论。

第 11 式

缺口诀：跳空缺口判断走势强弱

股价加速运行期间，缺口是很典型的价格加速形态。缺口可以出现在价格低位期间、价格单边运行期间和价格高位期间。缺口形态出现在低价区，通常是股价加速企稳的信号，表明主力投资者在低价区介入，推动股价出现加速回升的走势。在连续运行期间和价格结束单边趋势时，也可能出现持续缺口形态。掌握缺口形态以后，投资者可以准确把握交易股票的时机。

本节主要介绍股价回升趋势和下跌趋势中的缺口形态，包括突破缺口、加速缺口和竭尽缺口。

11.1 回升趋势缺口形态

在回升趋势中，低价区出现突破缺口，可以成为股价企稳的标志形态。确认了价格回升趋势以后，会进一步形成跳空上涨缺口。第二次出现的缺口可以认为是加速回升缺口，表明行情正在延续。第三次缺口一般提示股价正在形成顶部形态，又叫竭尽缺口形态，预示着高抛交易机会出现。

11.1.1 低价蓄势后的突破缺口形态

在股价回升前，低价区的突破缺口非常重要，这是支撑股价上涨的重要形态。低价区出现缺口形态，股价有可能出现企稳的动作。随着低价区缺口形态得到确认，股价上行趋势首次得到验证。由于低价区缺口是投资者积极买入股票、促使股价转跌为升的起始形态，因此在此时买入股票是相当廉价的。

形态特征解读：

（1）股价经历暴跌走势：当股价经历了暴跌走势以后，价格下跌幅度较大，此时在低价区有望出现反弹走势。

（2）低价区股价放量触底：低价区股价放量触底期间，价格下跌幅度已经超过 –50%，这是股价充分调整的结果。

（3）跳空反弹提示股价走强：股价在低价区出现一字线形态，形成反弹上涨的缺口形态，成为股价开始走强的起始形态。

操作要领：

（1）从股价经历暴跌走势来看：如图 11–1 所示，L 位置的成交量持续萎缩到 100 日等量线下方以后，股价在 G 位置见顶，该股随后很快进入单边下跌趋势。

（2）从低价区股价放量触底来看：在股价下跌期间，价格已经触及 D 位置的最低收盘价 5.40 元，下跌幅度高达 –60%，是一次非常典型的杀跌走势。跌幅很大，显示股价有很强的低位反弹需求。

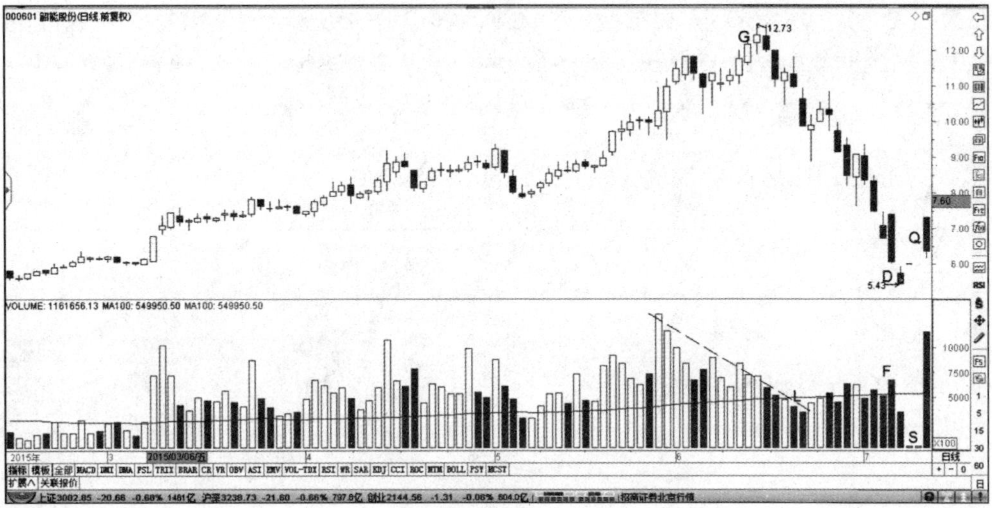

图 11-1 韶能股份日 K 线图

（3）从股价跳空反弹提示价格走强来看：低价区 S 位置的量能达到地量状态，股价在 Q 位置出现了两个交易日的一字涨停板形态，跳空缺口提示股价进入回升趋势，买点不容忽视。

总结：在超跌反弹期间，股价触底速度很快，而典型的一字涨停板提示股价已经完成反转形态。从交易机会来看，低价区的缺口位置是不错的买点。

11.1.2 加速回升缺口形态

当股价在低价区首次出现跳空缺口形态以后，价格放量上涨期间，高价区还会出现新的缺口形态，这是投资者追涨买入股票的交易信号。随着买点得到确认，投资者在高价区追涨依然是有利可图的。加速回升的缺口并没有改变股价的上涨趋势，这种形态是持股投资者继续扩大收益的形态。从主力投资者的角度来分析，主力利用控盘优势拉升股价跳空上涨，是主力投资者扩大收益的重要控盘信号。

形态特征解读：

（1）股价出现放量回升走势：在股价出现放量回升走势以后，短线涨幅较大，价格上涨趋势得到加强。

（2）短线回调后再次放量：短线回调以后再次出现放量信号，在量能的推动下，股价连续出现回升的阳线形态。

（3）跳空缺口再次出现：在价格连续回升期间，再次出现跳空上涨的阳线缺口形态，这是股价加速上涨的信号。

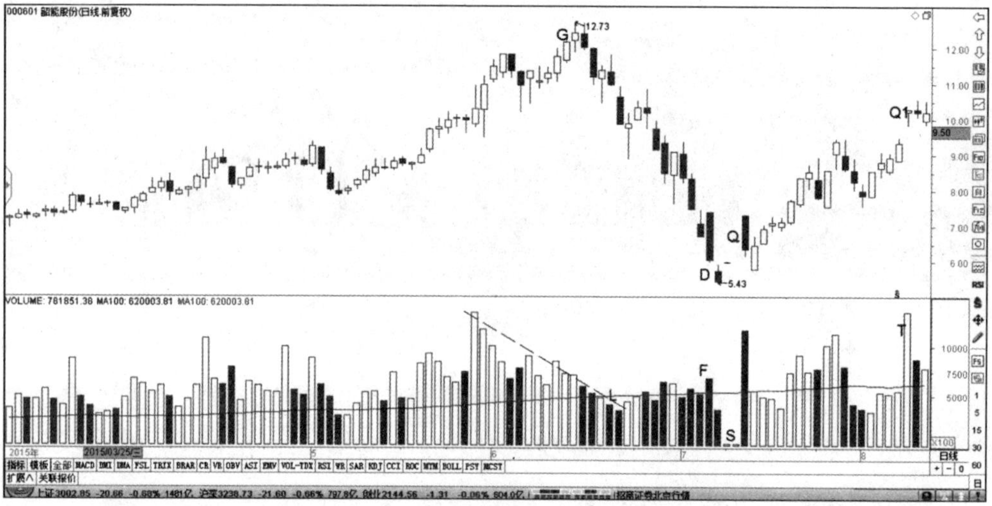

图 11-2　韶能股份日 K 线图

操作要领：

（1）从股价出现放量回升走势来看：如图 11-2 所示，股价从 Q 位置的缺口加速上涨，量能明显达到 100 日等量线上方，该股表现强势。

（2）从短线回调后再次放量来看：该股连续回调 3 个交易日后，在连续放量的过程中，T 位置的量能较大，这是比较强的放量信号。

（3）从再次出现跳空缺口来看：在 T 位置量能放大期间，该股已经出现跳空上涨的缺口形态。在 Q1 位置出现跳空缺口形态以后，该股表现出强势横盘状态，可见缺口对股价的支撑效果较好。

总结：在成交量放大的过程中，缺口形态无疑加强了股价的上涨趋势，是新一轮回升的起始形态。缺口不会被回补，表明股价可以获得缺口提供的支撑，实现更大的涨幅。

11.1.3　竭尽缺口形态

在主力拉升股价的过程中，股价在高价区继续加速上涨，此时依然会出现典型的缺口形态。如果高价区出现缺口形态，将是价格回升以来的第三次缺口形态，有可能成为股价见顶信号。高价区出现跳空缺口，大多是主力为了创造更大的买盘，强行拉升股价使其出现跳空上涨。追涨的投资者在高价区买入股票，为主力投资者创造了高抛的出货机会。更多的股票在高价区被出售，并不会导致价格出现跌停走势。

形态特征解读：

（1）量能高于 100 日等量线：当成交量高于 100 日等量线以后，股价放量上涨的趋势得到延续，价格表现抢眼。

（2）股价出现涨停跳空缺口：以涨停状态开盘以后，股价收盘出现涨停 K 线，留下跳空缺口，这是主力为了出货而采取的拉升股价行为。

（3）高价区放量阴线提示股价见顶：高价区出现放量阴线形态，股价以典型的阴线见顶形态完成反转动作。此时不仅出现阴线形态，而且量能放大，提示主力投资者已经完成出货。

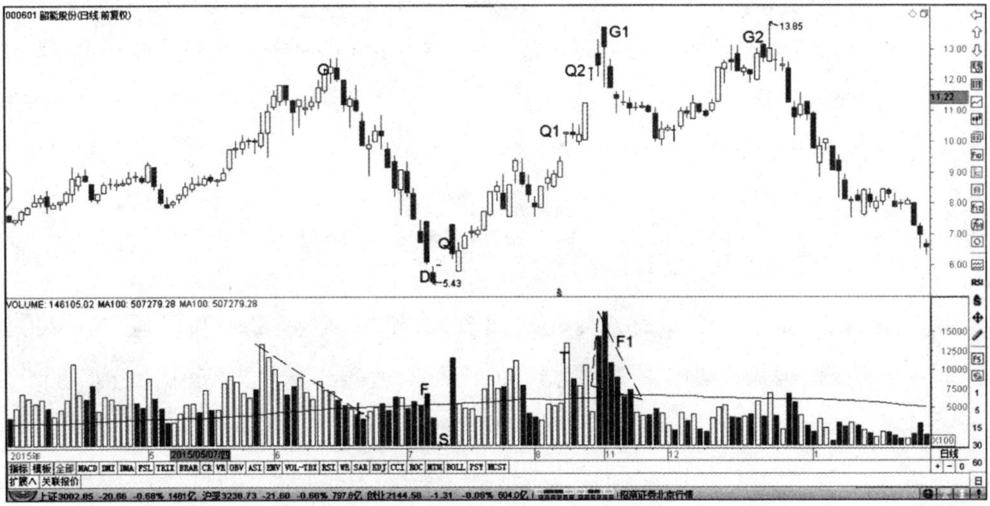

图 11-3　韶能股份日 K 线图

操作要领：

（1）从量能高于 100 日等量线来看：如图 11–3 所示，从 T 位置开始，量能放大持续了多个交易日，成交量高于 100 日等量线，表明股价活跃度很高。

（2）从股价涨停出现跳空缺口来看：图中 Q2 位置的跳空缺口出现在前期价格高位附近，是主力为了出货而拉升形成的缺口，这种高位竭尽缺口成为股价见顶的信号。

（3）从高价区放量阴线提示股价见顶来看：出现跳空缺口以后，高价区的 G1 位置出现放量阴线形态。F1 位置的量能明显高于 100 日等量线，表明主力投资者有足够的时间出货。在成交量相对缩量的情况下，该股见顶回落。量能继续萎缩以后，高价区 G2 位置的卖点得到确认。

总结：第三次出现跳空缺口以后，股价在回升趋势中出现了顶部反转信号。第三个缺口可以看作是竭尽缺口，是主力为了完成出货动作而拉升股价形成的跳空上涨形态，可以作为投资者卖掉股票的交易机会。

11.2 下跌趋势缺口形态

在下跌趋势中，高价区出现突破缺口可以成为股价下跌的起始形态。该形态出现在高价区，股价从高价区反转回落，是典型的下跌趋势卖点信号。在确认了价格回落趋势以后，进一步形成跳空下跌缺口，第二次出现的缺口被认为是加速下跌缺口，表明下跌行情正在延续。第三次缺口提示股价正在触底，是竭尽缺口形态，预示着抄底机会出现。

11.2.1 高价区的反转缺口形态

在股价下跌前，高价区的突破缺口非常重要，这是提示股价反转下跌的重要形态特征。高价区出现向下跳空缺口形态，股价能更容易确认反转动作。随着高价区缺口形态得到确认，股价下跌趋势首次得到验证。高价区缺口是投资者卖出股票的交易信号，作为下跌起始形态，在这个时候卖出股票，还是卖在了相对高位。

形态特征解读：

（1）股价经历大涨走势：当股价经历了暴涨走势以后，价格上涨幅度较大，此时可能会在高价区出现反转走势。

（2）高价区股价缩量顶部：在高价区股价缩量见顶期间，量能显著低于100 日等量线，这是股价将走弱的信号。

（3）跳空下跌提示股价走弱：股价在高价区出现一字跌停走势，确认了反弹期间的缺口形态，成为股价开始走弱的起始形态。

操作要领：

（1）从股价经历大涨走势来看：如图 11–4 所示，当股价从 7 元附近飙升到高位 10 元附近的 G 位置时，股价涨幅超过 40%，价格表现强势。

（2）从高价区股价缩量顶部来看：股价回升到 G 位置前，成交量已经显著低于 100 日等量线。量能只在 F 位置出现一次放量，缩量提示该股将构筑顶部形态。

（3）从跳空下跌提示股价走弱来看：在典型的缩量期间，该股短线反弹到 G1 位置以后，还在 Q 位置出现了跳空下跌缺口形态。该股跳空回落以后，量能在 S 位置极度萎缩，下跌趋势得到确认。

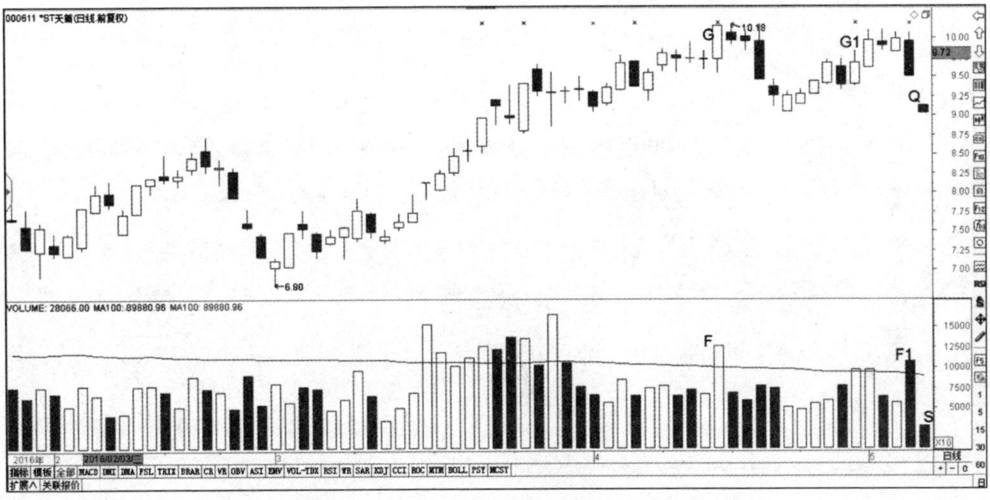

图 11–4　*ST 天首日 K 线图

总结：缩量运行期间，股价没有继续上涨的可能，跳空下跌缺口正好验证了这一判断。作为开启下跌趋势的突破缺口形态，投资者需要大量卖出股票才能够减少损失。

11.2.2 加速下跌缺口形态

股价在高价区首次出现跳空缺口形态后，在缩量下跌期间，还可能出现新的缺口形态，这是投资者继续减仓的交易信号。随着卖点得到确认，投资者在低价区减少持股，依然能降低亏损。加速下跌的缺口并不能改变股价的回落趋势，却是持股投资者继续降低亏损的交易信号。从主力投资者的角度来分析，主力投资者盈利丰厚，会不惜成本地卖掉股票，造成跳空下跌的缺口形态，这是散户投资者需要关注的地方。

形态特征解读：

（1）股价跌破短线震荡平台：股价继续下跌期间，跌破了短线震荡平台，是股价加速下跌的信号。

（2）成交量放大：价格短线回调以后成交量出现放大迹象，这是投资者利用下跌趋势加速减仓的信号，表明下跌趋势并未结束。

（3）再次出现跳空跌停缺口：在价格第二次跳空下跌以后，跌停缺口形态得到确认，股价出现加速下跌的信号。

操作要领：

（1）从股价跌破短线平台来看：如图 11–5 所示，Q1 位置的 K 线形态出现以后，股价已经持续跌破了高位价格平台，预示着下跌趋势延续。

（2）从成交量放大来看：量能在 F2 位置放大，但是当日股价跌停，表明出逃资金依然庞大，导致该股出现跌停形态。

（3）从再次出现跳空跌停缺口来看：Q1 位置不仅是缺口形态，而且当日股价以跌停开盘。不同的是，该股在盘中打开了跌停板，为投资者提供了减仓的交易机会，但是股价加速下跌趋势已经形成。

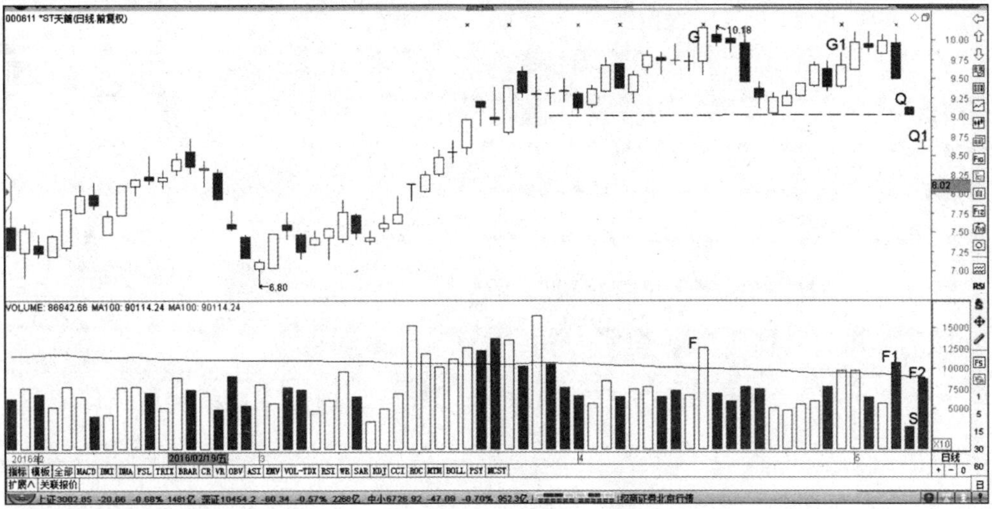

图 11–5　*ST 天首日 K 线图

总结：股价连续两次出现跳空下跌缺口的情况下，主力投资者完全不顾成本地卖掉股票，致使散户投资者只能在杀跌期间减少持股。即便如此，没有卖掉股票的投资者依然会遭受损失。

11.2.3　竭尽缺口形态

在主力抛售打压股价的过程中，股价在低价区继续加速下跌，此时依然会出现典型的缺口形态。如果低价区出现缺口形态，将是价格下跌以来出现的第三个缺口形态，有可能成为股价触底的信号。低价区出现跳空缺口，是主力大量减仓以后投资者最后一次出货的机会。在主力投资者抛售行为结束以后，为价格反弹提供了机会。形成竭尽缺口以后，股价的下跌节奏会出现趋缓或者结束的迹象，这是投资者需要关注的买点信号。

形态特征解读：

（1）量能低于 100 日等量线：当成交量低于 100 日等量线以后，股价缩量下跌趋势得到延续，价格表现非常弱势。

（2）股价出现跌停跳空缺口：以跳空下跌开盘以后，股价收盘出现新的低价区缺口形态，这是股价下跌将要结束的信号。

（3）两组三个缺口的下跌形态完成：股价完成了三次缺口形态以后，可以确认价格触底。如果股价反弹结束后，再次形成了三个缺口形态，那么低价区的底部支撑效果就比较好了，相应的买点值得投资者动用更多的资金建仓。

操作要领：

（1）从量能低于 100 日等量线来看：如图 11-6 所示，股价进入下跌趋势以后，可以看到成交量始终显著低于 100 日等量线。

（2）从股价出现跌停跳空缺口来看：股价在 Q2 位置继续出现跌停缺口，这是第三个缺口形态，意味着该股在 Q2 位置完成缺口形态以后将可能触底。

（3）从两组三个缺口下跌形态来看：Q、Q1、Q2 是一组三个缺口形态，而 1、2、3 位置又是新的一组缺口形态，提示投资者股价下跌趋势结束，投资者可以在 D 位置大量买入股票。

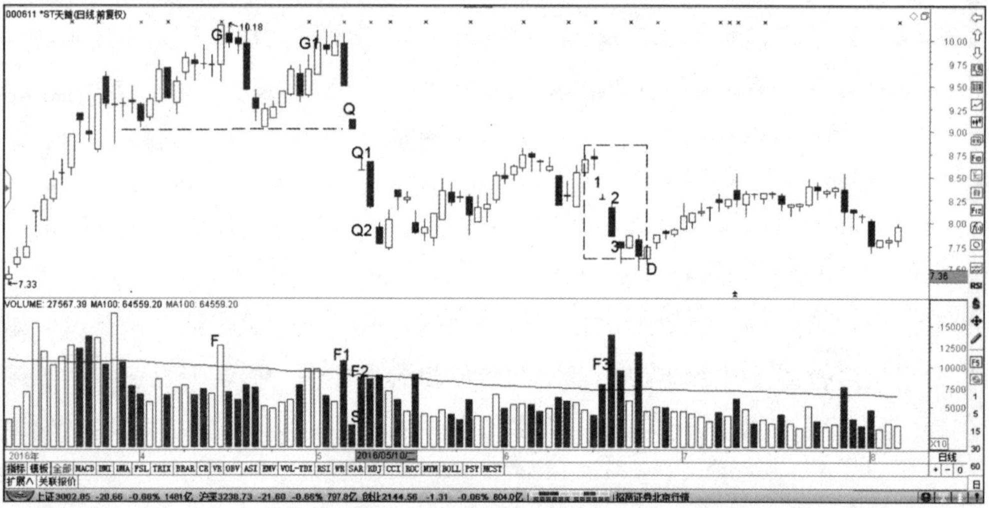

图 11-6　*ST 天首日 K 线图

总结：通常来说，股价经历了三次跳空下跌缺口，这是股价将要触底的信号。如果是相似的价位上出现两组三次缺口形态，股价触底的可能性更高，这样的价格低点值得投资者动用更多的资金建仓。

第 12 式

背离诀：背离提示终极交易机会

从价格表现来看，前面介绍的竭尽缺口可以提示股价单边趋势反转的时机。如果从指标来看，背离形态是又一个典型的反转信号。MACD 指标与股价的运行趋势并非完全一致，如果单边趋势运行时间较长，而价格在单边趋势中的表现又趋于弱势，那么 MACD 指标率先反转就提示了背离信号，这是投资者把握交易机会的重要时刻。

本节主要介绍MACD指标的柱线背离和DIF线背离，这两种背离提示了价格方面的弱势走势以及相应的潜在反转信号。

12.1 MACD 指标柱线背离形态

在 MACD 指标中，从背离的角度分析，可以有 MACD 指标的柱线背离和 DIF 线背离两种背离形态。柱线背离提示 DIF 线即将反转，间接提示投资者均线将会反转，交易机会将出现的事实。DIF 线背离则更加直接地揭示了均线趋势反转和价格将要折返的事实。MACD 指标出现柱线背离以后，投资者应该引起关注。

12.1.1 MACD 指标柱线顶背离

在股价涨幅较大的情况下，高价区股价出现调整走势，这是对价格大幅上涨的一种正常反应，同时预示着价格出现高位顶部。如果结束回调后收盘价再创新高，那么价格达到新高价位期间，MACD 指标的柱线首先会表现出背离式回调，这是判断股价见顶的机会。当投资者看到价格高位 MACD 柱线与股价背离时，可以采取减仓策略，降低投资风险。

形态特征解读：

（1）股价连续飙升超过 100%：当股价进入回升趋势以后，在连续回升期间，股价涨幅超过 100%，这是比较大的涨幅，体现出牛市期间股价充分释放了飙升潜力。

（2）高价区股价出现回调：高价区股价出现回调，对回升趋势影响较大，特别是对持股不坚定又获利丰厚的投资者有很大影响。

（3）收盘再创新高，与 MACD 柱线背离：当收盘价再创新高以后，可以看到 MACD 柱线并未出现新高，表明柱线与股价高位背离，提示高位卖点出现。

操作要领：

（1）从股价连续飙升超过 100% 来看：如图 12–1 所示，股价连续飙升到 G 位置的价格高位以后，涨幅已经高达 100%，这是比较强势的回升表现。

股价大涨以后，投资者出货的概率相对提高。

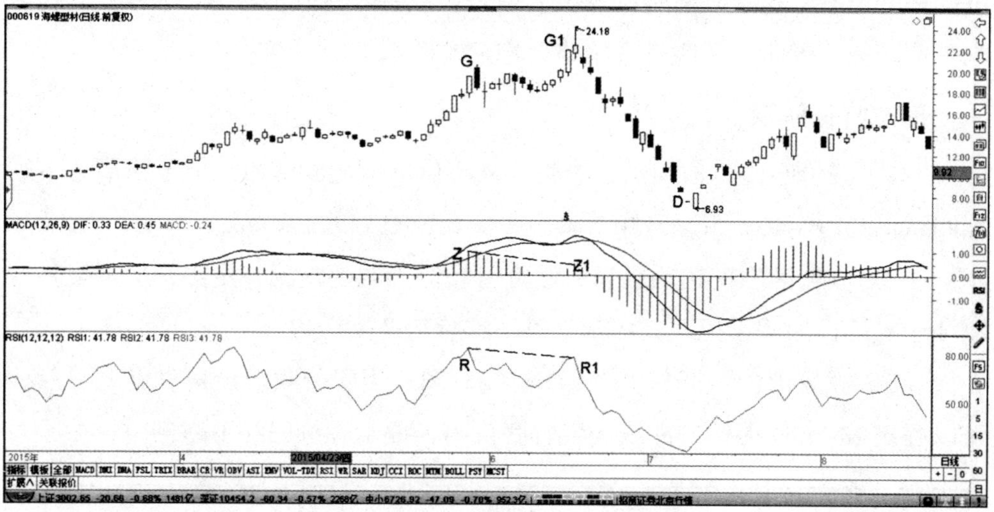

图 12-1　海螺型材日 K 线图

（2）从高价区股价出现回调来看：在 G 位置大阴线见顶以后，该股缩量回调，这是价格大幅上涨以来明显的调整形态。

（3）从收盘价再创新高与 MACD 柱线背离来看：当调整结束以后，股价连续出现了 5 个交易日的阳线形态，股价收盘价格再创新高。与此同时，MACD 指标柱线已经从 Z 回落到 Z1 位置。柱线回调期间，MACD 指标的 DIF 线也从 R 位置回落到 R1 位置，G1 位置的背离卖点得到双重确认。当价格从 G1 下跌到 D 位置时，股价暴跌 –70%。

总结：牛市期间股价涨幅较大，MACD 柱线背离提示股价见顶，典型的抛售机会在这个时候得到确认。如果投资者按照背离减仓的交易策略卖掉股票，自然可以避免价格下跌期间遭受损失。

12.1.2　MACD 指标柱线底背离

在股价跌幅较大的情况下，低价区股价出现调整走势，这是对价格大幅下跌的一次正常反应，同时预示着价格出现低位底部。如果股价结束反弹后再创新低，那么价格达到新低价位期间，MACD 指标的柱线首先会表现出背离回升的形态，这是判断股价触底的信号。投资者看到价格低位 MACD 柱线与股价背离，就可以采取建仓策略，把握交易机会。

形态特征解读：

（1）股价明显见顶回落：当股价从高价区明显回落以后，价格单边下跌期间跌幅超过 –45%，这是熊市阶段股价调整充分的信号。

（2）低价区出现超跌反弹：低价区股价出现超跌反弹走势，但是反弹持续 3 个交易日后明显见顶，提示股价下跌趋势还未结束。

（3）收盘再创新低与 MACD 柱线背离：当股价收盘价再创新低以后，可以看到 MACD 指标的柱线与股价底背离，提示股价已经下跌到位。

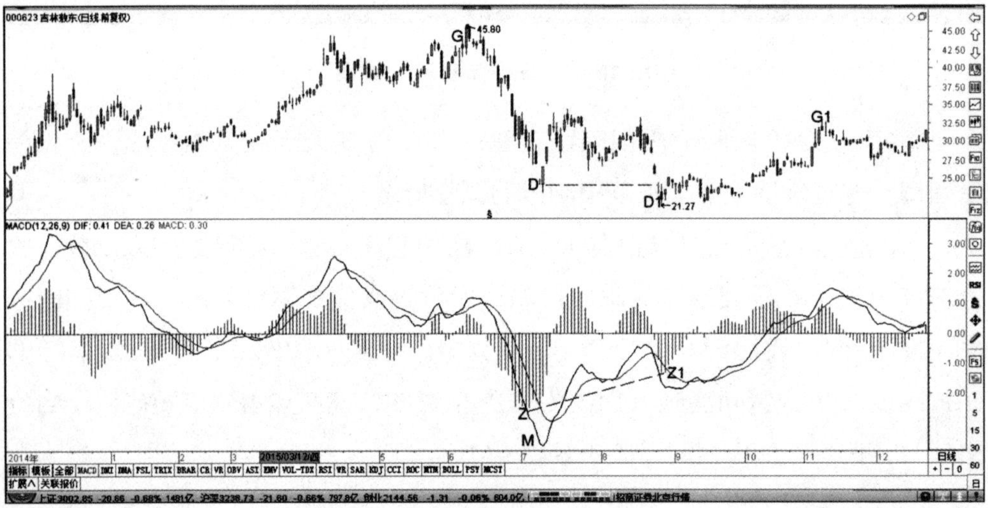

图 12–2　吉林敖东日 K 线图

操作要领：

（1）从股价明显见顶回落来看：如图 12–2 所示，股价在 G 位置明显见顶以后，价格单边下跌期间跌幅达 –45%。

（2）从低价区出现超跌反弹来看：股价在 D 位置出现技术性反弹，但是反弹只达到 30%，股价就继续下跌到 D1 位置，创出收盘价新低。

（3）从收盘再创新低与 MACD 柱线背离来看：股价从 D 位置回调到 D1 位置的新低价位，期间 MACD 的柱线从 Z 回升到 Z1 位置，表明柱线与股价底背离，D1 位置的买点不容忽视。买点确认以后，股价从 D1 位置反弹到 G1 位置，涨幅达 50%。

总结：股价在下跌趋势中明显超跌后，技术性反弹走势改变了价格的下跌节奏。而在收盘价出现新低以后，背离提示的买点更加典型。确认背离买点非常重要，因为它能够提示投资者在价格涨幅还不大的时候买入股票。

12.2　MACD 指标 DIF 线背离形态

在 MACD 指标中，从背离的角度分析，相比于柱线背离，MACD 指标 DIF 线背离更能反映价格的反转。如果 DIF 线与股价出现顶背离形态，可以提示投资者均线方面的表现已经不佳，股价走势将结束单边趋势，相应地，在价格反转期间的交易机会也将得到确认。

12.2.1　MACD 指标 DIF 线顶背离

在股价涨幅较大的情况下，高价区股价出现调整走势，这是对价格大幅上涨的一种正常反应，同时预示着价格高位出现顶部。如果股价在收盘价结束回调后再创新高，那么价格达到新高价位期间，MACD 指标的 DIF 线将与股价背道而驰，这是判断股价见顶的信号，投资者此时可以采取减仓策略，降低投资风险。背离形态可以出现一次，也可以出现两到三次，出现的次数越多，股价反转后的跌幅越深。

形态特征解读：

（1）连续出现 10 个一字涨停板：股价连续出现一字涨停板，一字涨停板数量达到 10 个，价格走势表现非常抢眼。

（2）DIF 线跌破 DEA 线：股价打开一字涨停板以后，高价区出现顶部形态。这个时候，DIF 线首先跌破了 DEA 线，显示出指标走弱的迹象，提示高抛卖点。

（3）二次背离提示高抛卖点：当二次背离提示高抛卖点以后，可以看到股价多次顶部形态卖点得到确认，背离提示的卖点成为股价反转的重要起始点。

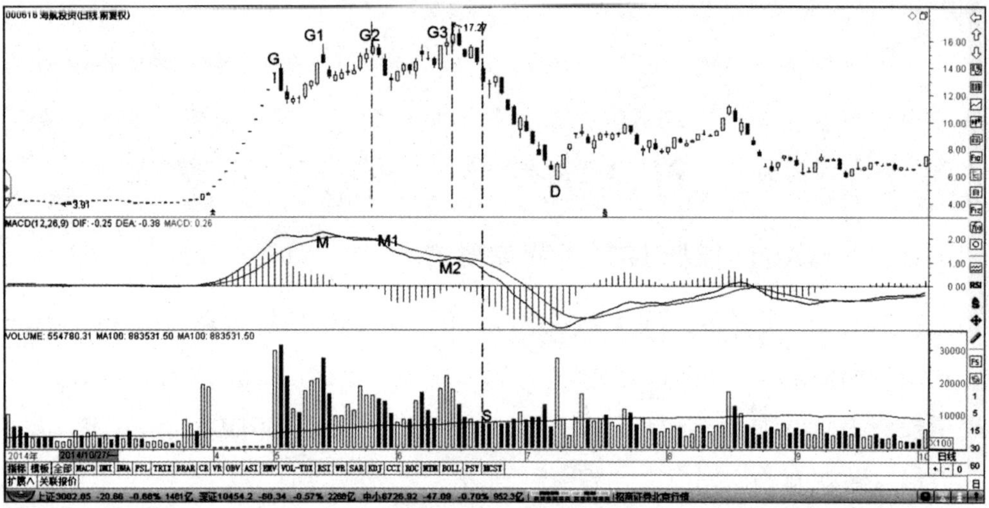

图 12-3　海航投资日 K 线图

操作要领：

（1）从出现 10 个一字涨停板来看：如图 12-3 所示，在股价到达 G 位置的高位前，出现了 10 个一字涨停板，短期涨幅较大。股价在 G 和 G1 位置都出现了典型的回调信号，股价在顶部继续上升的压力较大。

（2）从 DIF 线跌破 DEA 线来看：当 DIF 线在 M1 位置跌破 DEA 线时，MACD 指标的回调趋势也在延续。

（3）从二次背离提示高抛卖点来看：股价收盘价达到新高 G2 和 G3 位置以后，MACD 指标的 DIF 线从 M 位置回落到 M1 和 M2 位置，指标与股价高位两次背离，提示股价在 G3 位置见顶。S 位置量能萎缩以后，股价暴跌 -60%，价格明显出现杀跌的走势。

总结：一字涨停板出现的次数较多，股价大涨后抛售压力很大。在高价区筹码大量换手的过程中，MACD 指标与股价背离最能显现股价的反转趋势。背离提示的卖点相对较高，投资者可以把握好减仓交易的机会。

12.2.2　MACD 指标 DIF 线底背离

在股价跌幅较大的情况下，低价区股价出现盘整走势，这是对价格大幅下跌的一次整固，同时预示着价格底部将会出现。如果股价结束反弹后再创新低，那么在价格达到新低价位期间，MACD 指标的 DIF 线将与股价出现背离形态，这是判断股价触底的信号。如果价格低位 MACD 指标的 DIF 线与股价出现一次背离，那么投资者买入就可以获得收益。当背离出现两次以后，低位买点更值得投资者大量建仓，增加持股数量可以大幅度盈利。

形态特征解读：

（1）股价经历两次暴跌：当股价进入下跌趋势以后，价格下跌节奏得到延续，两次暴跌一起出现也是有可能的。

（2）股价结束弱势反弹再创新低：两波连续杀跌以后，股价跌幅较大。虽然其间出现弱势反弹，但是反弹结束后，从收盘价格上看，又出现了收盘价新低。

（3）DIF 线与股价二次背离：当股价出现收盘价新低后，MACD 指标的 DIF 线与股价底背离，这是股价触底的信号。二次背离确认股价触底，提示投资者买点出现。

操作要领：

（1）从股价经历两次暴跌来看：如图 12–4 所示，股价从 G 位置高价区下跌，暴跌到 D 和 D1 位置的超低价位，累计跌幅高达 –60%。

（2）从股价结束弱势反弹再创新低来看：股价从 D1 位置反弹的空间有限，持续 4 个月的反弹以小幅上涨结束。股价在 D2 位置出现收盘价新低，提示股价超跌。

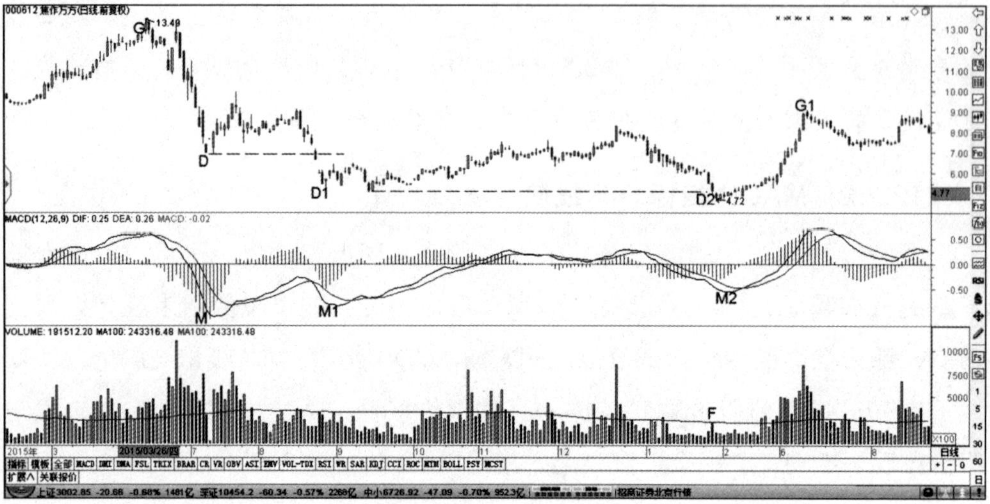

图 12-4 焦作万方日 K 线图

（3）从 DIF 线与股价二次背离来看：当 DIF 线从低位反弹以后，DIF 线在 M1 和 M2 位置的数值分别达到新高位置，这与同期股价出现收盘价新低形成背离。两次背离以后，买点出现在 D2 位置的价格低点。该股从 D2 位置回升到 G1 位置，涨幅高达 80%。

总结：典型背离提示的买点非常重要，特别是二次背离提示买点后，在股价低位建仓，随着涨幅扩大，可以看到低价持有该股的盈利空间较大。

第 13 式
阻力诀：精准确认阻力位

股价涨跌期间，阻力位对价格的影响很大，典型的阻力价位可以通过黄金分割线来确认。0.382、0.5 和 0.618 的黄金分割线，是判断价格阻力位的重要依据。如果价格反转期间波动空间明显受限，在 0.382 的分割线位置受阻，股价会明显折返。0.5 和 0.618 的黄金分割线则是价格更大可能出现反转的折返价位。

本节主要介绍 0.382、0.5 和 0.618 黄金分割线的阻力价位，这三个阻力价位的股价折返概率很高，是投资者需要关注的重要点位。

13.1　0.382的阻力位判断

在价格运行期间，价格波动达到前期价格波动幅度的38.2%的时候，就会触及黄金分割线0.382的位置，这是股价反向运行以来的重要阻力价位，同时也是投资者需要重点关注的价位。在0.382的黄金分割线位置，股价可能会出现明显的回落调整，即便调整不改变股价运行趋势，对投资者的投资策略也会有很大影响。

13.1.1　0.382的回升趋势压力位

当股价在熊市中下跌到位以后，非常典型的反弹走势可以达到0.382的黄金分割线价位。从阻力大小来看，0.382的黄金分割线能够阻碍股价的反弹趋势，延缓甚至结束股价反弹。作为低价买入股票的投资者，要在价格达到0.382的黄金分割线期间谨慎对待价格回调。如果股价在0.382的黄金分割线处有明确的见顶迹象，就需要减少持股数量以应对价格调整了。

形态特征解读：

（1）股价出现暴跌走势：当股价经历暴跌走势以后，下跌空间扩大，技术性反弹走势出现在低价区。

（2）技术性反弹期间量能放大：由于成交量开始回升，股价走势也趋于强势。量能放大到100日等量线以上时，股价将出现顶部形态。

（3）股价见顶0.382的黄金分割线位置：在0.382的黄金分割线位置，股价明显见顶回落。在成交量萎缩的过程中，收盘价高位不断在0.382位置出现，高抛卖点也在这个时候形成。

操作要领：

（1）从股价出现暴跌走势来看：如图13-1所示，股价从G位置开始下跌以后，暴跌至D位置的价格低点。该股缩量下跌达–50%，低价区出现技术性的反弹走势。

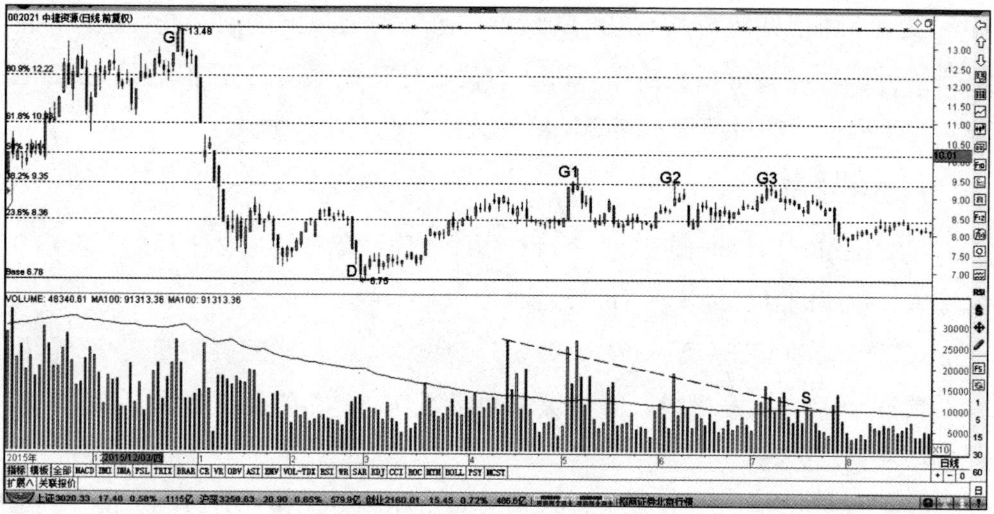

图 13-1　中捷资源日 K 线图

（2）从技术性反弹期间量能放大来看：反弹期间，成交量放大到 100 日等量线上方，随后开始了向 S 位置的萎缩趋势。反弹期间，量能萎缩会限制股价的反弹空间。

（3）从股价见顶 0.382 的黄金分割线位置来看：在技术性反弹期间，股价收盘价达到 G1 位置的高位以后，股价出现了明显的顶部形态，G1 和 G2、G3 位置都是 0.382 的黄金分割线价位，同时也是重要的阻力区。

总结：在低价区的技术性反弹期间，股价涨幅达到 0.382 的黄金分割线位置，该黄金分割线位置已经成为股价高位顶部反转的价位。特别是在反弹期间量能不高的时候，价格很难一次性突破 0.382 位置，典型的高抛卖点可以成为减仓的机会。

13.1.2　0.382 的下跌趋势支撑位

股价在牛市见顶回落以后，非常典型的反弹走势可以在 0.382 的黄金分割线价位出现。从支撑效果来看，0.382 位置的支撑力较强，能够成为股价首次反弹的起始点。作为大量持股的投资者，如果股价下跌期间还没有卖掉手中的股票，可以在股价从 0.382 的黄金分割线位置反弹期间减仓，这样也能够减少亏损。在股价多次获得 0.382 的黄金分割线提供的支撑以后，投资者能够在价格反弹的过程中不断降低持股数量，进而避免扩大亏损。

形态特征解读：

（1）股价连续飙升超过 2 个月：当股价连续飙升超过 2 个月后，价格涨幅惊人，牛股的高位抛售压力明显增加。

（2）首次回落触及 0.382 的黄金分割线：股价首次回调期间，成交量依然明显高于 100 日等量线，价格仅仅回落到 0.382 的黄金分割线位置，就已经出现反弹走势。

（3）量能萎缩，股价跌破支撑线：股价在高位调整充分以后，成交量显著低于 100 日等量线，股价很快跌破 0.382 的黄金分割线支撑价位。

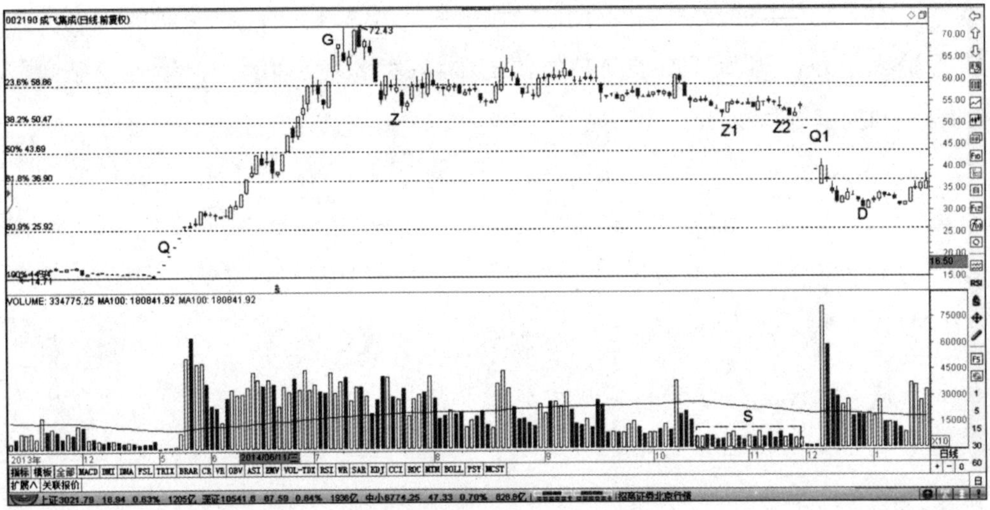

图 13-2　成飞集成日 K 线图

操作要领：

（1）从股价连续飙升超过 2 个月来看：如图 13-2 所示，该股在 Q 位置连续出现一字涨停板以后，股价回升趋势持续超过 2 个月，涨幅高达 380%，显然是大牛股的表现。

（2）从首次回落触底 0.382 的黄金分割线价位来看：股价在 G 位置的价格高位见顶以后，成交量依然高于 100 日等量线，使得股价回调力度不大，价格在 Z 位置的 0.382 黄金分割线价位获得支撑。

（3）从量能萎缩、股价跌破支撑位来看：经过长达 3 个月的横向盘整，成交量已经明显低于 100 日等量线。S 位置的量能很小，使得股价很快在 Z1 和 Z2 位置触及 0.382 的黄金分割线价位，并且在 Q1 位置加速杀跌，股价随后暴跌到 D 位置的低点处。

总结：在成交量还没有显著萎缩的情况下，股价虽然在牛市中见顶，却依然不会跌破 0.382 的黄金分割线位置。从短线操作来看，0.382 的黄金分割线既是短线买入股票的机会，同时在价格反弹期间，也是投资者非常重要的减仓交易机会。

13.2　0.5 的阻力位判断

在价格运行期间，股票价格波动达到前期价格波动幅度的 50% 的时候，就会触及到 0.5 的黄金分割线，这是股价反向运行以来典型的阻力价位，同时也是投资者需要重点关注的价位。在 0.5 的黄金分割线位置，股价可能会出现明显的回落调整，即便调整期间不改变股价的运行趋势，对投资者资金波动的影响也是不容忽视的。

13.2.1　0.5 的回升趋势压力位

当股价在熊市中下跌到位以后，比较有效的反弹走势可以达到 0.5 的黄金分割线价位。从阻力大小来看，0.5 的黄金分割线可以成为股价反弹的最高点位。股价的上涨趋势很容易在 0.5 的黄金分割线位置结束。低价买入股票的投资者，可以在价格达到或者接近 0.5 的黄金分割线处卖掉股票，这样可以轻松应对价格未来下跌带来的亏损。如果股价顺利突破了 0.5 的黄金分割线价位，继续持股可以提升盈利。

形态特征解读：

（1）股价暴跌 –60%：当股价暴跌 –60% 以后，表明价格下跌空间已经很大，技术性反弹出现的概率大幅度提升。

（2）低价区出现涨停反弹：低价区出现涨停板以后，这是股价开始强势反弹的信号，同时也是短线交易的投资者获取短线收益的机会。

（3）反弹持续到 0.5 黄金分割线价位：在相对高位的技术性反弹走势中，股价涨幅都能够达到 0.5 的黄金分割线对应的价位。如果强势反弹在 0.5 的黄金分割线处结束，此时可以视为大量减仓的交易机会。

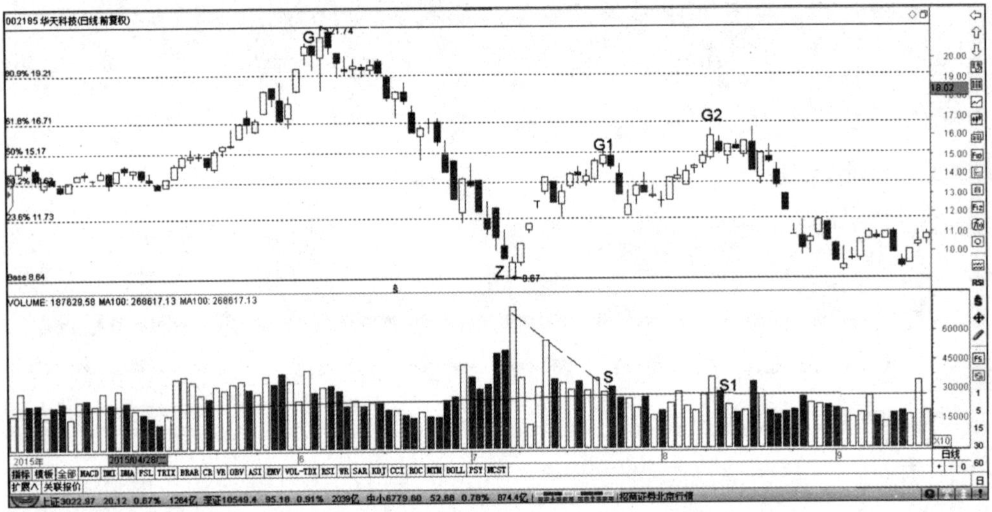

图 13–3 华天科技日 K 线图

操作要领：

（1）从股价暴跌 –60% 来看：如图 13–3 所示，股价从 G 位置下跌到 Z 位置，暴跌达 –60% 以上，这是一次非常典型的杀跌行情。

（2）从低价区出现涨停反弹来看：股价杀跌后出现技术性反弹，虽然此时成交量萎缩到 S 位置，并且在 S1 位置低于 100 日等量线，但是股价涨幅还是达到了 G1 和 G2 位置。

（3）从反弹持续到 0.5 黄金分割线价位来看：G1 和 G2 的位置恰好就是 0.5

黄金分割线的位置，股价在分割线位置见顶，是强势反弹结束的信号。缩量状态下股价难以持续大涨，0.5 的黄金分割线价位就是典型的高抛点位。

总结：当股价反弹强度较大的时候，价格涨幅可以轻松突破 0.382 的黄金分割线价位，但是股价却很难达到 0.5 的黄金分割线以上。此时，作为短线交易者，可以在 0.5 的黄金分割线对应的价位卖掉股票，以便兑现收益。

13.2.2　0.5 的下跌趋势支撑位

当股价在牛市见顶回落以后，典型的反弹在 0.382 的黄金分割线价位出现，更显著的反弹则出现在 0.5 的黄金分割线价位。特别是股价在牛市中单边涨幅较大时，股价大幅杀跌到 0.5 的黄金分割线价位，才会出现明显的反弹。0.5 的黄金分割线可以成为反弹行情起始点，短线交易者可以抄底买入股票，以便获取投资收益。

形态特征解读：

（1）股价连续拉升，暴涨 300%：股价连续拉升期间，价格暴涨超过 300%，这是牛股在牛市中的涨幅。

（2）首次回调达到 0.5 的黄金分割线价位：前期股价涨幅较大，在出现典型的阴线顶部反转形态以后，价格很快下跌到 0.5 的黄金分割线价位。

（3）反弹后跌破 0.5 的黄金分割线价位：技术性反弹结束以后，股价跌破 0.5 的黄金分割线价位。

操作要领：

（1）从股价连续拉升暴涨 300% 来看：如图 13–4 所示，该股股价暴涨 300%，几乎以连续的拉升飙涨到 41 元的高位。

（2）从首次回调达到 0.5 的黄金分割线价位来看：G 位置出现高开大阴线以后，股价暴跌到 Z 位置的价格低点，Z 位置是 0.5 的黄金分割线支撑价位。

（3）从反弹后跌破 0.5 的黄金分割线价位来看：虽然技术性反弹期间股价上涨达到 G1 位置高点，但是顶部形态还是被确认了。在 S1 位置量能萎缩的过程中，该股跌破了 0.5 的黄金分割线价位。

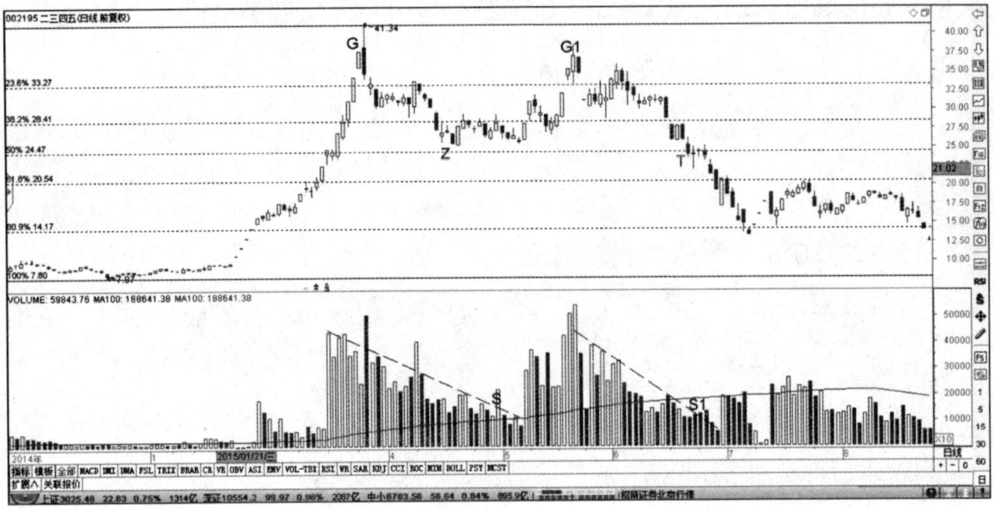

图 13–4 二三四五日 K 线图

总结：由于股价涨幅较大，首次见顶以后，股价就下跌到 0.5 的黄金分割线价位。当股价再次缩量下跌以后，0.5 的黄金分割线位置的支撑力度消失，在量能萎缩的趋势中，股价下跌幅度还会继续扩大。

13.3 0.618 的阻力位判断

在价格运行期间，价格波动达到前期价格波动幅度的 61.8% 的时候，就触及了 0.618 黄金分割线，这是股价反向运行以来非常有效的阻力价位，同时也是投资者需要重点关注的交易价位。在 0.618 的黄金分割线位置，股价可能会结束单边趋势。如果调整期间不改变股价运行趋势，投资者可以利用 0.618 的黄金分割线调整资金投入，以应对潜在的价格波动。

13.3.1 0.618 的回升趋势压力位

当股价在熊市中下跌到位以后，就会出现反转走势。投资者可以看到股价很快进入回升趋势，并且涨幅不断扩大，投资者的盈利空间也不断扩大。作为价格反转后持股的投资者，面临的是确认价格高位的反转价位并卖掉股票，以确保在股价下跌前减少持股。此时，比较高的涨幅通常可以达到 0.618 的黄金分割线价位。0.382 和 0.5 的黄金分割线只能短线阻碍股价反弹，却不能影响价格涨幅达到 0.618 黄金分割线。在 0.618 的黄金分割线价位出现反转形态以后，投资者就可以采取减仓措施。

形态特征解读：

（1）股价暴跌 –70%：当股价暴跌 –70% 以后，熊市中股价的下跌幅度已经比较大，相应地，反弹期间股价涨幅可能就比较高了。

（2）放量期间股价出现反弹：成交量放大到 100 日等量线以上，价格表现强势，放量回升，价格回升趋势得到确认。

（3）典型的顶部出现在 0.618 的黄金分割线价位：股价涨幅达到 0.618 的黄金分割线价位，这是回升趋势比较大的涨幅。如果说股价还没有进入牛市，这次上涨只是一次反弹行情，那么 0.618 的黄金分割线位置便是典型的高抛价位。

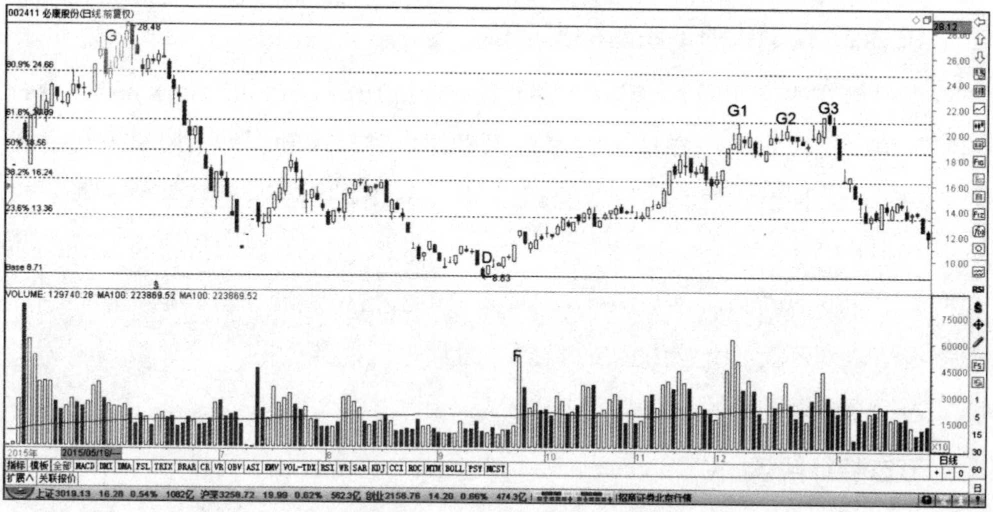

图 13–5　必康股份日 K 线图

操作要领：

（1）从股价暴跌 –70% 来看：如图 13–5 所示，股价从 G 位置下跌以后，价格暴跌到 D 位置的价格低点，下跌幅度超过 –70%。

（2）从放量期间股价出现反弹来看：股价在 D 位置触底以后，F 位置的量能明显放大至 100 日等量线以上，之后成交量稳定在 100 日等量线上方，股价回升趋势很快得到加强。

（3）从典型顶部出现在 0.618 的黄金分割线位置来看：价格从 D 位置回升到 0.618 的黄金分割线价位，涨幅达 130%。在黄金分割线的 0.618 位置处，股价在 G1、G2 和 G3 出现反转形态，提示该股已经见顶。

总结：在熊市股价跌幅较大的情况下，反弹期间价格涨幅可以轻松突破 0.382、0.5 的黄金分割线位置，但是最终股价还是会在 0.618 的黄金分割线位置见顶。究其原因，股价涨幅较大却没有进入牛市行情，价格上涨的性质还是以反弹为主。

13.3.2　0.618 的下跌趋势支撑位

当股价在牛市见顶回落以后，典型的反弹出现在 0.382 和 0.5 的黄金分割线价位，投资者可以在这个时候买入股票，进而盈利。如果股价已经进入显著的下跌趋势，作为价格反转的起始点，0.618 的黄金分割线不容忽视。股价下跌到 0.618 的黄金分割线以后，就会形成技术性反弹走势，投资者的盈利机会也能够得到确认。当 0.618 的黄金分割线价位出现了价格触底形态时，投资者可以毫不犹豫地大量买入股票。通常来说，典型的反转 K 线形态就能够成为价格折返的起始形态。

形态特征解读：

（1）股价在回升趋势中缩量见顶：当股价在回升趋势中缩量见顶以后，价格很快出现跌停阴线形态，股价快速反转。

（2）股价最低价触及 0.618 的黄金分割线价位：价格回落速度较快，在成交量萎缩的状态下，在最低价位达到 0.618 的黄金分割线位置后，很快出现技术性反弹。

（3）股价在 0.618 的黄金分割线价位反弹：反弹期间成交量并未有效放大，成交量萎缩趋势延续，而股价在 0.618 的黄金分割线位置处获得支撑后开始走强。

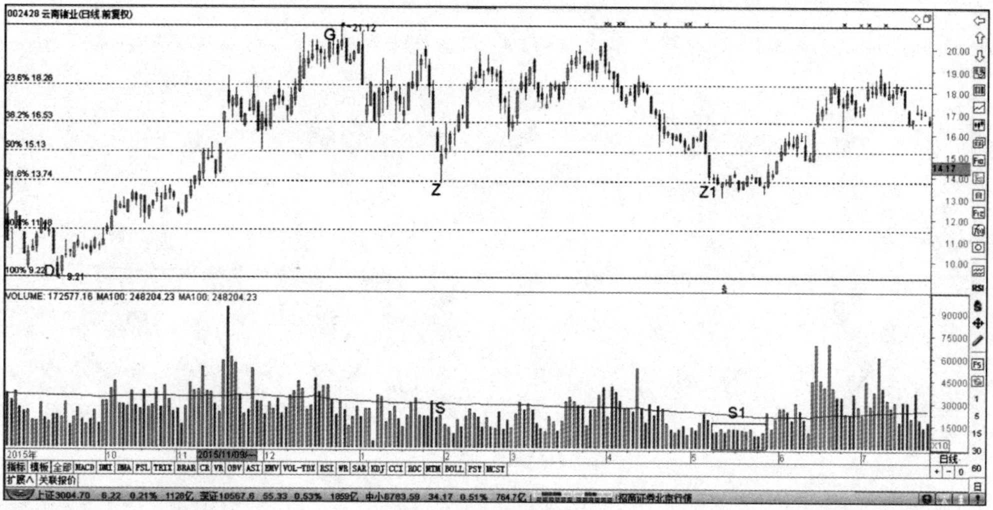

图 13-6　云南锗业日 K 线图

操作要领：

（1）从股价在回升趋势中缩量见顶来看：如图 13-6 所示，股价在 G 位置缩量见顶以后，很快出现跌停大阴线形态。股价反转的速度很快，从跌幅来看，价格快速下跌至 0.618 的黄金分割线处是可能的。

（2）从股价最低价触及 0.618 的黄金分割线位置来看：股价在 Z 位置出现最低触底价位，恰好是在 0.618 的黄金分割线价位，可见，预期的回调已经出现。由于 0.618 黄金分割线处的支撑力度很强，股价难以突破该支撑价位。

（3）从股价在 0.618 的黄金分割线位置反弹来看：S 位置量能低于 100 日等量线，但是股价依然出现反弹走势。当成交量继续萎缩到 S1 的时候，股价第二次回调到 0.618 的黄金分割线处。黄金分割线提供了较强的支撑，使得股价从 Z1 位置快速反弹，并且出现了比较大的涨幅。

总结：通常来说，在股价经历了明显的回升走势以后，在价格高位回调期间，股价很难跌破0.618的黄金分割线价位。在技术性反弹期间，0.618的黄金分割线价位提供了非常好的抄底机会。如果确认了黄金分割线位置的建仓时机，盈利空间将非常可观。

第 14 式
波浪诀：以波浪形态把握价格趋势

价格运行的过程中，从宏观上来看，会呈现出一定的波浪特征。艾略特波浪理论说明，价格在经历牛市和熊市行情的过程中，总会按照“回升 5 浪 + 下跌 3 浪”的形式完成一轮涨跌。既然股价具有显著的波浪特征，可以考虑将复杂的价格形态划分为简单的 8 浪循环形态，这样投资者便可以更准确地把握交易时机。

本节主要介绍波浪形态的简单 8 浪和复杂 8 浪形态，在这 8 浪循环形态中，价格运行规律一致，投资者更容易确认买卖时机。

14.1 简单的波浪形态

在艾略特波浪理论中，价格总是按照 8 浪循环的形式经历牛市和熊市行情。价格形态虽然多变，但是总体的 8 浪形态特征不会改变。小的 8 浪循环可以成为大的 8 浪循环的一部分，在价格循环波动期间，交易机会出现在 8 浪循环转换的过程中。

14.1.1 简单的上升 5 浪

当股价进入牛市以后，回升趋势中的 5 浪形态便可以呈现出来。在日 K 线图中，股价经历了回升趋势中的 3 浪上涨和 2 浪回调后，价格涨幅达到了牛市顶部。从形态上来看，如果看到 5 浪循环已经结束，表明股价已经进入顶部反转区间。从交易机会上来看，5 浪结束后，价格高位的卖点不容忽视。而在股价完成 5 浪循环的过程中，短线买卖信号可以成为投资者高抛低吸的机会。

形态特征解读：

（1）A 浪股价天量见顶：A 浪期间股价出现加速飙升走势，成交量持续放大，并且在天量量能出现的时候达到 A 浪涨幅的最高价位。

（2）B 浪股价缩量回调：B 浪是对 A 浪的修正，是股价缩量回调的一浪。在 B 浪回调期间，价格持续一段时间的缩量回调，但跌幅不大，并不会下跌到 A 浪的起涨价位。

（3）C 浪、E 浪加速飙升：C 浪和 E 浪是股价放量回升的两个浪，这两个浪之间有 D 浪对 C 浪进行修正。股价在 E 浪阶段加速回升，并且达到前 5 浪以来的最高收盘价。

操作要领：

（1）从 A 浪股价天量见顶来看：如图 14–1 所示，股价在 A 浪阶段出现了明显的回升走势，股价涨幅较大，并且在 T 位置达到天量状态。T 位置的量能相当于 100 日等量线的 7 倍以上，表明主力投资者深入介入该股。

（2）从 B 浪股价缩量回调来看：股价在 B 浪阶段回调空间有限，价格回调持续了 3 个月，这是为接下来股价的上涨蓄势。

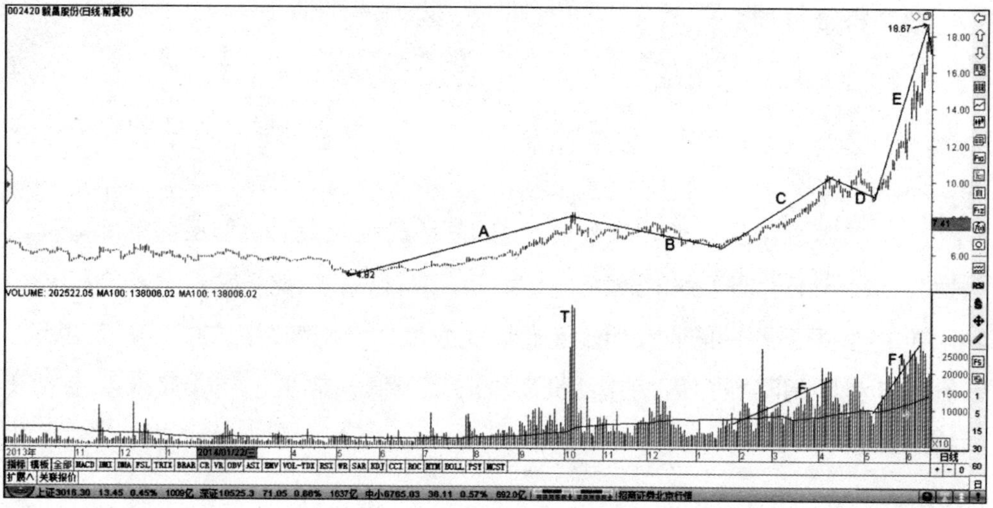

图 14-1　毅昌股份日 K 线图

（3）从 C 浪、E 浪加速飙升来看：经过 B 浪的调整以后，股价在 C 浪期间飙升空间较大。F 位置的放量趋势在 F1 位置得到延续，股价在经历 E 段飙升以后加速见顶。在此期间，D 段的回调时间更短，股价的调整幅度也非常有限。

总结：牛市行情的 5 浪价格循环持续时间很长，贯穿了牛市起点到终点的重要阶段。而期间的 B 浪回调和 D 浪调整，都是对股价回升趋势的修正，同时为投资者提供了加仓的交易机会。确认了这一点，投资者就可以在 B 浪和 D 浪回调期间增加持股数量，扩大盈利空间。

14.1.2　简单的下跌 3 浪

在股价完成了牛市行情中的 5 浪上涨以后，开始进入熊市中的 3 浪下跌阶段。在熊市期间，收盘价不断达到新低价位。在经历了 3 浪下跌后，股价才会结束熊市行情。在下跌的 3 浪中，首浪 1 浪期间股价跌幅较大，价格超跌以后出现技术性反弹，这就是接下来的 2 浪回升阶段。3 浪同样是下跌趋势中的浪，是股价跌幅较大的一浪，同时也是熊市行情临近结束的信号。

形态特征解读：

（1）1 浪股价跌幅超过 –60%：1 浪期间股价明显下跌，并且是股价进入熊市以来最大的一次跌幅。暴跌超过 –60%，连续杀跌后完成熊市中最大的一次下跌走势。

（2）2 浪缩量反弹空间有限：2 浪期间股价缩量反弹，但反弹空间有限，反弹并不会改变价格下跌的趋势。当反弹结束以后，缩量下跌走势还会出现。

（3）3 浪下跌期间收盘价创新低：3 浪是 2 浪反弹以后的又一次下跌浪，股价在 3 浪期间明显回落，并且收盘价出现新低，熊市也在 3 浪下跌完成以后结束。

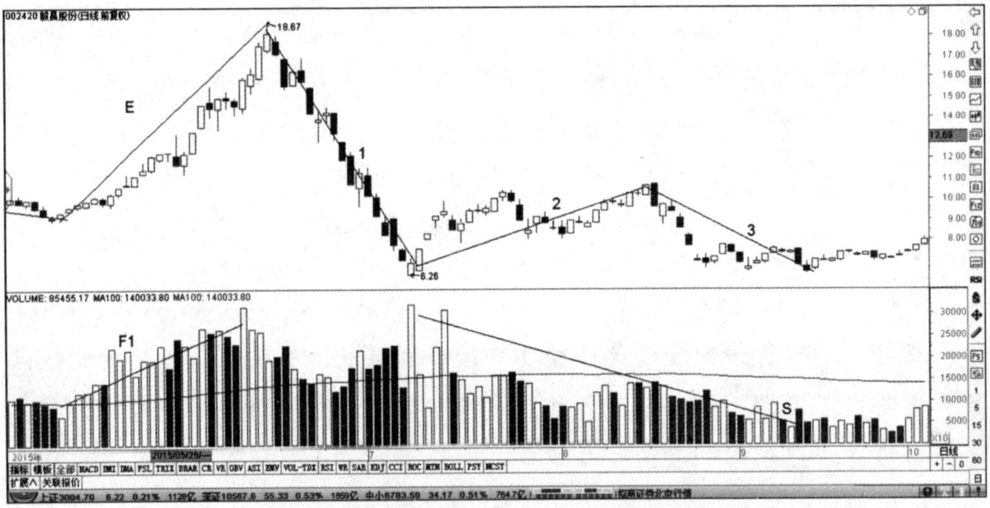

图 14–2　毅昌股份日 K 线图

操作要领：

（1）从 1 浪股价跌幅超过 –60% 来看：如图 14–2 所示，股价在 E 浪见顶以后，很快进入下跌状态。股价暴跌到 7 元下方，1 浪阶段下跌幅度超

过 –60%。

（2）从 2 浪缩量反弹空间有限来看：图中显示的 2 浪阶段，股价有小幅度回升，虽然起始回升阶段连续出现 3 个涨停板，但是涨幅并未因此大幅提升。2 浪的股价反弹持续不足 2 个月，就以缩量下跌结束。

（3）从 3 浪期间收盘价创新低来看：从 1 浪底部开始，当成交量持续萎缩到 S 位置时，股价在 3 浪阶段出现收盘价新低。股价在 3 浪阶段跌幅不大，但是对依然持股的投资者影响较大。

总结：在日 K 线图中，股价经历了简单的 3 浪循环，价格就已经出现明显的跌幅。根据 3 浪的运行节奏判断交易机会，在下跌趋势中尽可能减少损失，是多数投资者都能够做到的。

14.2　完整的 8 浪循环形态

完整的 8 浪循环持续时间可长可短，其中形态特征是重点，投资者需要关注 8 浪循环的价格走势，以便在不同浪之间转换时获取投资机会，增大收益空间。特别是在回升趋势的调整浪中，能够在调整浪期间把握好买点的投资者，盈利空间更大，收益更多。

14.2.1　简单的 8 浪循环

在股价超跌反弹阶段，成交量放得可以并不大，但是股价的回升趋势一直在延续。在价格反弹期间，调整的时间可能是非常短暂的，但是从形态上看，却是反弹阶段回升趋势中重要的浪。B 浪和 D 浪的回调为投资者提供了买点信号，在投资者增加持股数量的过程中，回升阶段的盈利空间可以更高。

形态特征解读：

（1）股价小幅度放量上涨：在股价反弹期间，成交量较小，但依然属于放大状态，股价出现了持续回升。特别是回升期间的 A 浪阶段，价格上涨明显。

（2）缩量回调时间较短：在反弹的过程中，缩量调整的时间并不长，短线的缩量回调对价格上涨的影响非常有限。B 浪和 D 浪在股价短线回调后走强。

（3）B 浪、D 浪提供增持机会：考虑到回升趋势中价格表现并不强势，那么 B 浪和 D 浪的价格回调可以忽略不计。B 浪和 D 浪调整的低点，是回升趋势中量能最小的时刻。量能在这个阶段低于 100 日等量线，提示低价区出现买点。

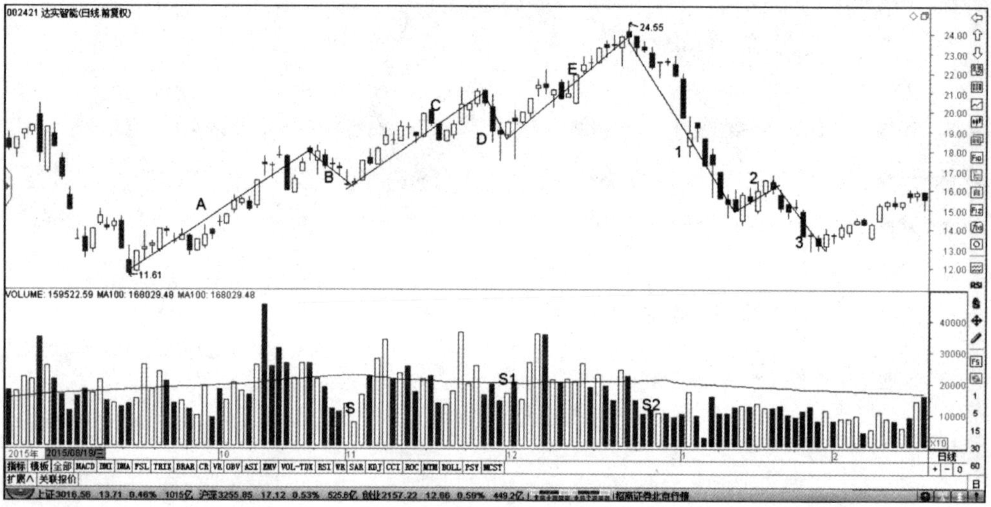

图 14-3　达实智能日 K 线图

操作要领：

（1）从股价小幅度放量上涨来看：如图 14-3 所示，价格从低点反弹以后，A 浪阶段成交量放大，但成交量仅勉强高于 100 日等量线，价格很快在 A 浪期间实现 50% 的涨幅。

（2）从缩量回调时间较短来看：在价格回升期间，B 浪对应的 S 位置量能明显低于 100 日等量线。股价调整持续了 1 周后，就进入到 C 浪回升阶段。

（3）从 B 浪、D 浪提供增持机会来看：B 浪和 D 浪阶段，分别出现了 S 和 S1 位置的缩量量能，股价调整时间有限。可以说，这是价格反弹期间非常有限的回调走势。当股价结束 E 浪的回升趋势后，成交量在 S2 位置明显低于 100 日等量线，股价进入 1、2、3 回调浪阶段，该股完成牛熊转换。

总结：8 浪循环的价格运行形态可以非常简单，当然，这期间牛市 5 浪的股价涨幅也会比较有限。但是作为完整的 8 浪循环形态，回升浪中 B 浪和 D 浪的回调买点不容忽视。

14.2.2　复杂的 8 浪循环

经历熊市以后，股价进入放量回升阶段。牛市行情中成交量放得可以非常大，股价回升空间也非常大。从形态上看，股价在复杂的回升趋势中涨跌变化很多，牛市向熊市转换的 8 浪循环形态中，并非仅仅是简单的几个浪的形态。比较复杂的浪可以出现在 A 浪和 C 浪期间，这期间股价持续上涨的时间较长，经过短暂调整后价格双向震荡的次数较多，持股投资者可以大幅度提升盈利空间。

形态特征解读：

（1）低价区出现脉冲放量：低价区量能出现脉冲放量，这是主力投资者低价建仓的信号。随着低价区出现脉冲量能，放量回升的价格得到确认。

（2）股价经历复杂 A 浪：A 浪是股价摆脱熊市以后重要的回升阶段，期间多空争夺激烈，是双向震荡比较多的一浪。

（3）C 浪和 E 浪阶段涨幅继续扩大：牛市中 C 浪和 E 浪的涨幅也是非常惊人的，特别是 E 浪阶段，多空分歧很小，价格以加速冲击顶部的形式上涨，持股的投资者盈利快速增加。

操作要领：

（1）从低价区出现脉冲放量来看：如图 14–4 所示，F 位置的脉冲成交量明显高于 100 日等量线，显示主力拉升股价的决心很强。从 F 位置的脉冲量能开始，成交量维持在逐步放量状态。

（2）从股价经历复杂 A 浪来看：股价进入 A 浪回升阶段以后，价格双向震荡的频率较高。图中 A 浪阶段，G 和 G1 位置出现价格高点，显然，股价是在震荡过程中完成 A 浪回升趋势的。相较简单的 8 浪循环形态，图中 A 浪的形态更加复杂。

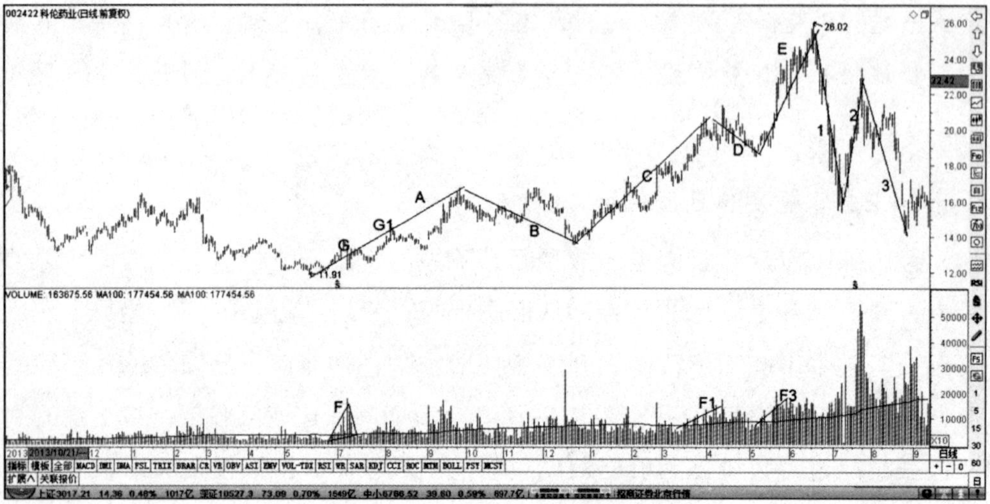

图 14-4　科伦药业日 K 线图

（3）从 C 浪和 E 浪阶段涨幅继续扩大来看：股价经历了 B 浪阶段的回调以后，C 浪阶段 F1 位置的量能持续放大，股价也随之上涨。E 浪阶段，F3 位置的量能延续了放大趋势，股价在高价区表现强势。股价见顶后的 3 浪回调形态相对复杂。该股以超过 1 年的时间完成了 8 浪循环形态，在这一期间内牛市和熊市完成转换。

总结：复杂的 8 浪循环期间，价格的基本 8 浪形态并没有出现任何变化，只是在细节上显得更为曲折。从获得交易机会的角度来看，频繁的价格震荡也为投资者提供了更多的买卖机会，这是与简单 8 浪形态最大的不同之处。

第 15 式
纠错诀：交易失误及时纠错

当投资者出现交易失误的时候，对失误的买卖操作及时进行处置，就显得非常重要了。恰当地调整股票交易策略，可以减少因为错误交易造成的损失。短线交易的失误通常是主力诱多拉升和诱多打压造成的，交易出现错误后，投资者可以尽快调整交易方向，降低投资风险。如果是长线交易，把握好减仓、持股和盈利之间的关系，对于降低投资风险也非常重要。

本节主要介绍股票交易期间主力的诱多和诱空动作，以及投资者减少投资风险的方法。

15.1 诱多诱空期间难免操作出错

股价异动期间，就会出现典型的诱多拉升和诱空打压形态，这是投资者需要关注的地方。诱多和诱空操作期间，价格会出现假突破。如果顺着价格突破的方向交易，将会出现明显的亏损。

15.1.1 诱多形态解读

诱多形态是主力投资者为了出货而大幅度拉升股价。股价在开盘阶段就已经走强，但是成交量不会持续增加，导致股价出现冲高回落走势，高价区的抛售机会得到验证。

形态特征解读：

（1）缩量期间股价波动幅度收窄：在日 K 线图中，股价缩量下跌，价格波动不断收窄，提示价格正在走弱。

（2）短线高位开盘出现放量：股价反弹到短线高位以后，盘口股价放量高开，表现出强势特征。

（3）盘中股价缩量回调：盘中股价下跌，最后以十字星 K 线收盘，主力诱多形态得到确认。

操作要领：

（1）从缩量期间股价波动收窄来看：如图 15-1 所示，股价从 G 位置下跌以来，F 位置量能在高位运行，但是反弹期间量能只是在 F1 位置出现放大。

（2）从短线高位放量开盘来看：H 位置的量能出现巨量现象，同时股价高开后冲高回落，体现出强势特征。

（3）从盘中股价缩量回调来看：盘口股价出现缩量调整，收盘时价格已经运行到盘中低点，提示该股走势较弱。K 线图中收出冲高回落的十字星 K 线，主力诱多拉升的意图得到验证，在此期间股价见顶。

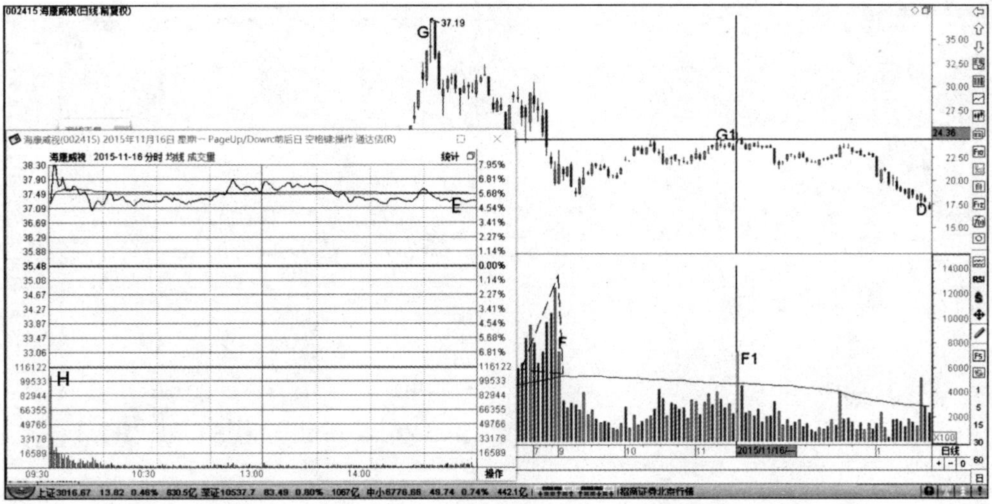

图 15-1　海康威视日 K 线图

总结：缩量期间股价短线高开是主力诱多拉升所致，K 线图中的十字星形态上影线很长，提示股价当日见顶。

15.1.2　诱空形态解读

诱空形态是主力投资者为了制造恐慌主动打压股价，使股价在盘中阶段大幅回调，同时成交量出现放大的走势形态。收盘后股价收出下影线很长的阴线，主力投资者诱空打压意图得到确认。

形态特征解读：

（1）股价从高位回调：当股价从高位回落以后，出现缩量下跌走势。

（2）下跌期间量能放大：在股价跌幅扩大的时候，量能出现放大，多空争夺激烈。

（3）出现带长下影线的 K 线形态：出现带有较长下影线的 K 线形态，当日主力放量打压股价，但收盘价却没有出现明显回落，提示主力正在诱空。

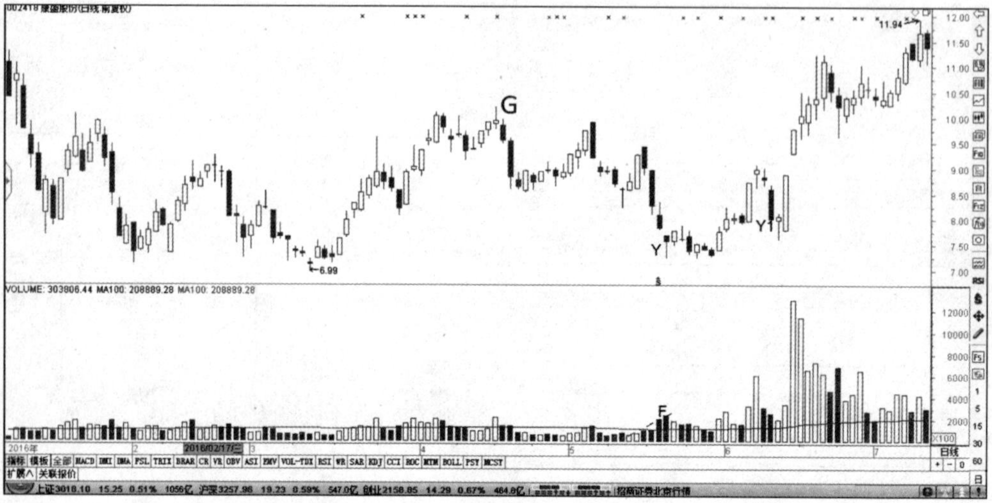

图 15-2　康盛股份日 K 线图

操作要领：

（1）从股价高位回调来看：如图 15-2 所示，股价从短线高位 G 位置回落以后，量能持续萎缩，该股处于下跌趋势。

（2）从下跌末期量能放大来看：股价持续回落到 Y 位置时，F 位置的量能显著放大，表明多空争夺和分歧加剧。

（3）从出现长下影线 K 线形态来看：Y 位置和 Y1 位置的下影线较长，表明股价日内短线回调，但是收盘跌幅不大。由此可见主力在低价区诱空打压股价，投资者需要正确认识主力的操盘目的。

总结：放量打压股价是主力为了洗盘，减少持股不坚定投资者数量，这是主力采取的一种操盘策略。考虑到价格已经处于低位，投资者需要对主力的动向有清醒的认识。

15.2　快刀斩乱麻可降低亏损

投资失误是每个投资者都会遇到的事情，价格下跌期间，在错误的方向上继续持股，亏损会快速加大。出于避险的目的，在股价下跌期间杀跌减仓，或者在股价反弹到高点期间卖掉部分股票，是投资者应对下跌走势的有效策略。

15.2.1　杀跌减仓策略

股价从高位回落时，价格在盘中出现单边下跌的走势，这期间只能在价格下跌中展开减仓行为。在股价下跌过程中卖掉股票，也是顺应价格趋势的交易方式。只要在股价跌幅还不大的时候卖出股票，投资者就能够减少损失。

形态特征解读：

（1）股价在高位脉冲放量：当股价在高位出现脉冲放量以后，股价短线表现强势，但是价格上涨潜力已不大。

（2）盘中股价低开下跌：盘中股价出现低开下跌走势，股价在单边下跌趋势中加速回落，杀跌减仓的交易机会随即出现。

（3）大阴线提示杀跌减仓机会：大阴线形态出现在价格高位，这是对价格反转最重要的提示形态，随之量能出现萎缩趋势，股价开始加速回落。

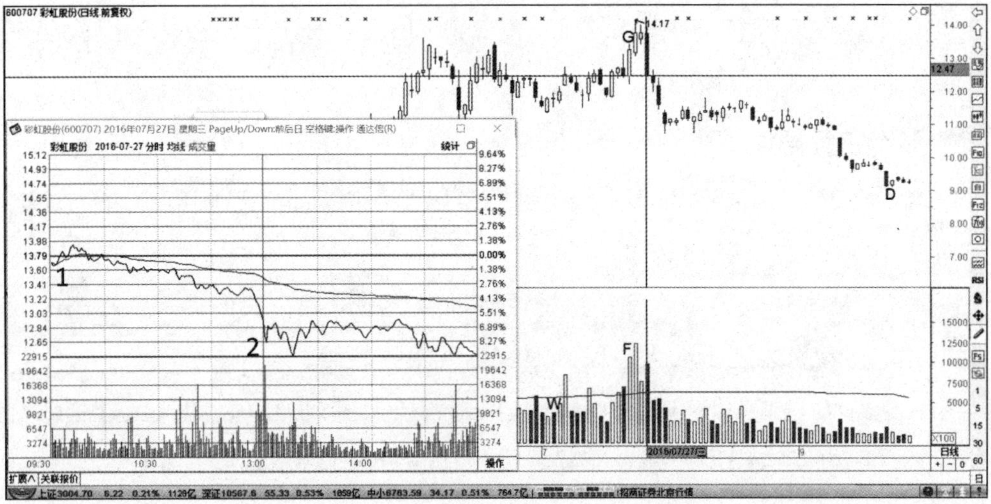

图 15-3　彩虹股份日 K 线图

操作要领：

（1）从股价在高位脉冲放量来看：如图 15–3 所示，F 位置的脉冲放量持续的时间不长，价格在高价区上涨到 G 位置。

（2）从盘中股价低开下跌来看：股价在盘中 1 位置出现低开以后，盘中 2 位置出现价格杀跌走势，之后价格下跌速度很快。

（3）从大阴线提示杀跌减仓机会来看：图中显示 G 位置收出大阴线形态，彻底改变了股价运行节奏，表明缩量下跌趋势已经形成。股价下跌到 D 位置的低价区，跌幅已经非常大，可见在杀跌期间减仓是恰当的。

总结：价格在高位出现大阴线形态，这是股价开始下跌的起始形态，是投资者需要关注的高抛交易机会。把握好高抛卖点，自然可以降低损失。

15.2.2 反弹减仓策略

在下跌趋势中，如果投资者在股价反弹期间减少持股数量，就能够在股价持续下跌的趋势中降低损失。价格反弹空间越大，投资者减少持股后损失也就越小。在反弹行情中，随着股价加速回升，以一字涨停板达到反弹最高价位，高抛卖点随之被确认。

形态特征解读：

（1）股价经历暴跌阶段：股价经历暴跌阶段以后，下跌幅度高达 –70%，这是熊市阶段股价调整充分的信号。

（2）量能达到地量底部：量能达到地量状态以后，股价在下跌趋势中随之见底。随着量能逐步放大，股价很快出现反弹走势。

（3）0.809 位置的减仓机会确认：当股价反弹到 0.809 的黄金分割线价位以后，高抛卖点出现，减仓交易机会也在高价区形成。

操作要领：

（1）从股价经历暴跌阶段来看：如图 15–4 所示，股价从 M 位置大幅杀跌以后，价格连续下跌幅度超过 –70%。

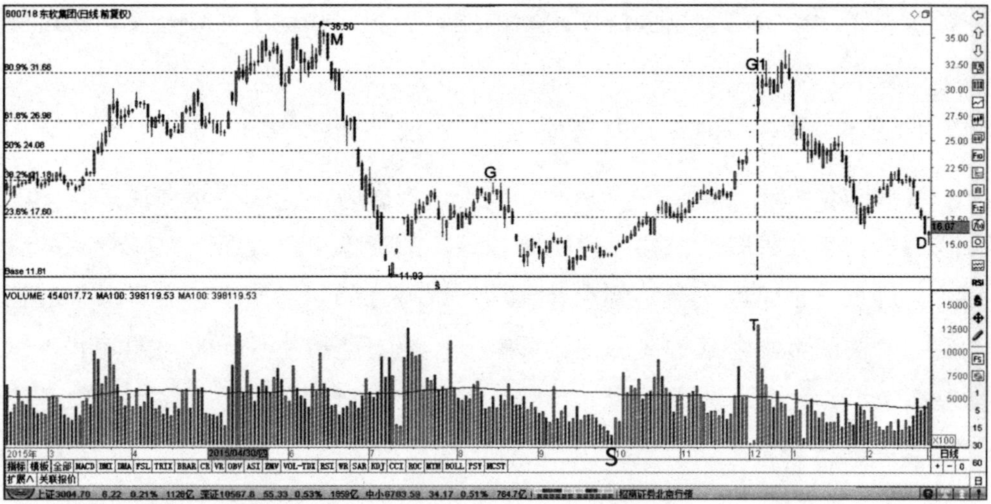

图 15-4　东软集团日 K 线图

（2）从量能达到地量底部来看：反弹期间股价达到 G 位置高点，之后股价回落，量能在 S 位置达到地量状态。地量以后，该股才真正进入回升趋势。

（3）从确认 0.809 位置的减仓机会来看：价格强势反弹期间，股价涨幅达到黄金分割线价位，0.809 的黄金分割线位置便是典型的高抛卖点。该分割线是股价反弹期间的最后一条分割线压力价位，同时也是一个比较典型的高抛价位。股价在 G1 位置达到 0.809 的黄金分割线位置时，便是投资者减仓的时机。

总结：技术性反弹期间，股价涨幅很难突破前期高位。既然是这样，可以考虑在股价涨幅达到 0.809 的黄金分割线价位附近时减少持股，这是比较典型的减仓策略。类似地，价格在 0.618 的黄金分割线价位见顶，也是重要的减仓交易机会。

15.3　长期盈利关键看风险控制

长期投资获得收益的关键是仓位管理和风险控制。投资者都能够在持股阶段获得收益，但是如何将收益放大，同时将风险控制在最小，是获取收益的重要一环。投资者减仓操作期间同样能够盈利，并且这种减仓盈利的过程可以运用到实战交易中。

15.3.1 减仓持股与盈利数值

价格回升阶段，在减少持股的过程中，投资者依然能够获得投资收益。实战当中，减仓持股的策略可以按照金字塔的形式进行，第一次减仓的数量最少，这是出于兑现收益的要求。最后一次减仓的数量最多，这是出于避险的目的。按照金字塔式的减仓交易策略，投资者能够在扩大收益的同时降低持股风险。

形态特征解读：

（1）投资者低价持股：当投资者低价买入股票以后，在股价回升期间，可以按照黄金分割线价位分批减少持股数量。

（2）0.236 位置首次减持 5%：0.236 的黄金分割线位置是首个压力位，也是第一次减少持股的价位，投资者首次可以减持 5% 的股票。

（3）0.809 位置减持 25%：最后一次减持在 0.809 的黄金分割线价位，这一次减持数量可以达到 25%，此后处于空仓状态。

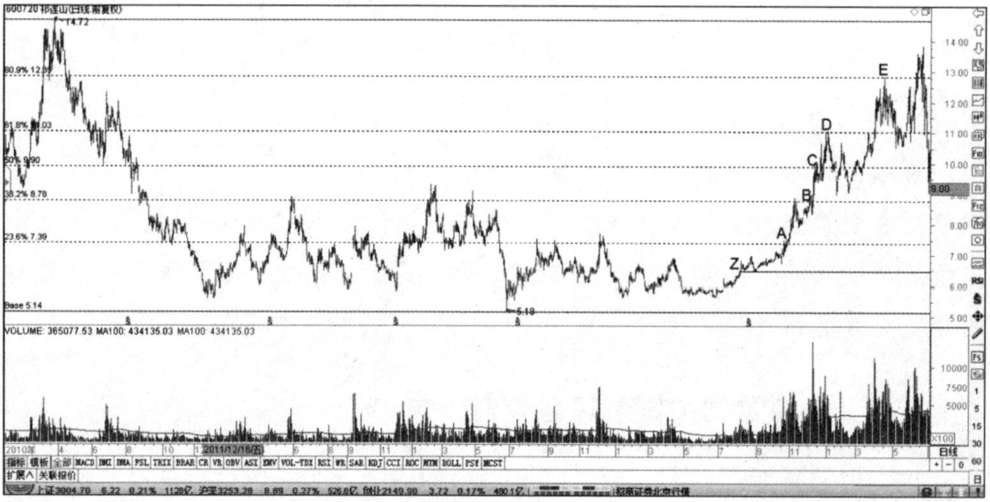

图 15-5　祁连山日 K 线图

操作要领：

（1）从投资者低价持股来看：如图 15–5 所示，股价在低价区企稳的过程中，Z 位置对应的 6.50 元附近很容易成为建仓成本区。该价位并非最低价位，而是低价区的近似平均价位。

（2）从 0.236 位置首次减持 5% 来看：如果选择在股价反弹到 0.236 的位置减持 5% 的话，那么这是价格回升以来的首次减持。

（3）从 0.809 位置减持 25% 来看：接下来的黄金分割线 0.382、0.5、0.618 在 B、C、D 位置，投资者减持数量分别为 10%、20%、40%。当接下来股价涨幅达到 0.809 的黄金分割线时，最后一次减持在 E 位置，此时可卖掉剩余的 25% 仓位。

总结：在股价回升期间，股价还未达到价格高位，投资者只能预估但不能断定价格能够实现的涨幅。出于减少持股风险并且兑现投资收益的要求，价格每次达到一个新的黄金分割线价位，即放大 1 倍卖掉股票的数量，直到股价涨幅达到 0.809 时，减仓结束，保持空仓状态。

15.3.2　减仓策略解读

在价格回升期间，减少持股是基于多方面考虑的。比如，指标与股价背离、指数见顶、股价涨幅过高和风险过大等。从不同方面来看，价格涨幅扩大以后，减少持股可以达到兑现收益的预期目标。当股价上涨幅度过大时，价格反转的情况总是会出现，减少持股就降低了持股风险。

形态特征解读：

（1）股价牛市行情涨幅加大：牛市行情中股价涨幅加大，如果股价涨幅已经翻倍，那么价格进一步上涨后的见顶风险会很高。

（2）出现背离形态：RSI 指标背离回落，提示股价已经出现顶部特征。此时考虑高位卖掉股票，才能避免在下跌趋势中遭受损失。

（3）指数见顶提示卖点：指数见顶期间，股价继续回升的空间有限，相应的卖点很快就会得到确认。

图 15-6 重庆百货、上证指数叠加图

操作要领：

（1）从股价牛市行情涨幅加大来看：如图 15-6 所示，股价从最低点 Q 位置上涨到 G 位置的 46 元期间，涨幅已经翻倍。从涨幅来看，该股的确有见顶的可能。

（2）从出现背离形态来看：RSI 指标从 C 位置回调到 D 位置，提示出现背离卖点。

（3）从指数见顶提示卖点来看：当指数在 Z 位置见顶以后，可以看到股价也出现了类似的顶部特征，这是高价卖点得到确认的信号。

总结：总的来看，在股价涨幅较大的情况下，多重顶部信号相互验证，这是股价即将下跌的征兆。如果按照不同的顶部信号确认卖点，卖出股票，即便股价见顶回落，投资者也不会遭受较大的损失。

投资理财类书目

书名	作者	定价（元）
短线操盘术	麻道明	59.00
看图学 K 线：实用 K 线图解大全	麻道明	69.00
看图学技术指标：实用技术指标图解大全	麻道明	59.00
阳线核心战法	麻道明	59.00
阴线核心战法	麻道明	59.00
K 线实战技术分析	张文	48.00
选对保险避开坑：保险业务员不会告诉你的事	周小树	52.00
从零开始学炒股：波浪理论	股震子	42.00
从零开始学炒股：道氏理论	股震子	42.00
教你炒股票：缠论精解与实战应用	培峰	58.00
强势股操盘技术入门与精解	股震子	38.00
股市交易圣典	谢锐	58.00
八大涨停板战法	马重祥　马　超	38.00
涨停起爆战法	马重祥　马　超	38.00
成长股操盘技术入门与实战精解	股震子	35.00
从零开始学炒股：背驰操盘术	黄凤祁	48.00
从零开始学炒股：MACD操盘术	黄凤祁	48.00
外汇交易精解	邢孝寒	58.00
选出大牛股——波浪理论实战技巧	戈　岩	48.00
四大经典技术指标必胜术	戈　岩	48.00
一把直尺闯天下——股票操作中的画线方法与应用技巧	戈　岩	48.00
精准把握买卖点	戈　岩	48.00
成交量核心技术	金　铁	45.00
主力行为分析核心技术	金　铁	45.00
金属期货	付上金	58.00
《玩转大非农——黄金、外汇、原油非农行情实战技法》	刘堂鑫	49.00
波段交易技术入门与技巧	黄金磊	38.00
涨停板交易技术入门与技巧	郭晓静	38.00
财务指标解析与实战	曹明成　谭　文	29.80
RSI指标入门与实战精解	刘振清	35.00
股价结构：波浪与形态	华　强	35.00
神秘均线擒牛股——股市南山兵法	周国夫	32.00
从零开始学看盘	付　刚	58.00
盘口分时图核心技术	金　铁	45.00
K线图核心技术	金　铁	45.00
均线核心技术	金　铁	45.00
缠中说禅：教你炒股票：解盘答问篇（上、下）	培　峰	108.00
趋势交易实战——象限四度交易法	张文义	42.00

书名	作者	定价（元）
孝寒点位交易法	邢孝寒	38.00
新股民炒股全攻略	黄　金	58.00
涨停盘口定式	曹明成　谭　文	38.00
短线炒股必杀技	曹明成　谭　文	38.00
成交量分析入门与实战精解	刘振清	35.00
分时图分析入门与实战精解	刘振清	35.00
均线指标入门与实战精解	刘振清	35.00
宝塔线指标入门与实战精解	刘振清	35.00
筹码分布技术入门与实战精解	刘振清	35.00
现货石油交易实战宝典	张耿豪　饶　斌	38.00
股市晴雨表	汪雪鹏	36.00
农产品期货	付上金	58.00
教你炒股票：缠论与K线分析技术	培　峰	48.00
短线炒股全攻略	付　刚	49.00
磁区理论点评升级版	江南小隐	38.00
分时图必杀技	曹明成　谭　文	38.00
龙头股必杀技	曹明成　谭　文	38.00
三步掌握波段买卖	曹明成　谭　文	38.00
黑马捕捉术	曹明成　谭　文	36.00
阴阳K线的奥秘	曹明成　谭　文	38.00
相对波浪理论	唐桂华	42.00
波段操盘秘法	何瑞东	38.00
布林线指标入门与实战精解	刘振清	35.00
MACD指标入门与实战精解	刘振清	35.00
KDJ指标入门与实战精解	刘振清	35.00
一本书读懂互联网投资理财	蔡余杰	38.00
玩转技术指标：九种技术指标精讲	金　铁	45.00
新手炒股快速入门与技巧	刘振清	38.00
银行理财产品全攻略	薄志红	35.00
决战牛熊：股市获利之道	曹明成　谭　文	35.00
短线出击：股市快速获利战术	麻道明	49.00
聚沙成塔：T+0交易绝杀技	江南小隐	35.00
短线实战操盘技巧	伟　晴	42.00
一买就涨：买在底部的101个起涨信号	付　刚	38.00
一卖就赚：卖在顶部的123个卖出信号	刘　平	38.00
短线追涨与低吸技术	金　铁	38.00
实战交易密码之走向盈利	陈志文	45.00
量价关系精要	徐子城	28.00
股票画线技术入门与实战	刘振清	38.00